# 你不必和所有人成为朋友

文长长　著

武汉大学出版社

**图书在版编目（CIP）数据**

你不必和所有人成为朋友／文长长著．—武汉：武汉大学出版社，2021.8

ISBN 978-7-307-22411-7

Ⅰ．你… Ⅱ．文… Ⅲ．心理交往－通俗读物 Ⅳ．C912.11-49

中国版本图书馆 CIP 数据核字 (2021) 第 123647 号

责任编辑：黄朝昉　　　责任校对：牟　丹　　　版式设计：凯文传媒

出版发行：**武汉大学出版社**　　（430072　武昌　珞珈山）

（电子邮箱：cbs22@whu.edu.cn 网址：www.wdp.com.cn）

印刷：三河市京兰印务有限公司

开本：880×1230　1/32　　印张：6.75　　字数：156 千字

版次：2021 年 8 月第 1 版　　2021 年 8 月第 1 次印刷

ISBN 978-7-307-22411-7　　定价：42.00 元

# 目录 | Contents

# 第一章  你并不需要跟所有人成为朋友

# 你并不需要跟所有人成为朋友

1.

我是一个朋友很少的人。

读小学的时候，我爸就是学校的老师，每天他带我上学放学，甚至中午吃饭的时候，我还可以和他一起吃。我没有大块的时间去跟女同学们玩儿。

整个小学六年，我没有和同学们结伴一起放学回家的经历，也没有和同学们下课十分钟在走廊打闹嬉戏的经历，虽然有可以拉着手一起去上厕所的女同学，但我内心总觉得，我跟她们不是很亲。就比如班上有什么活动，需要提前占位置，她们会帮与自己玩得好的人占位置，但不会帮我占，大多数的情况是，我走到她们旁边准备坐下，她们会说"这里是某某某的位置，我们帮她占的"。

每当那个时候，我就感觉自己像个外人，我也是很早就明白：有时，你可以和某一个人手拉手一起上厕所，可以一起说悄悄话，可以看起来很亲密，但你们也不一定是朋友。

可能这种经历太让人难以忘怀了，所以有很长一段时间，我理解的友谊就是，她遇到好玩儿的事会想着我，会帮我占位置，会帮我留好吃的。

这是我 11 岁的友谊观。

## 2.

等到我上初中的时候，因为我性格比较内向，加上当时长得有点胖，所以挺自卑的。

对于一个青春期的女孩来说，就算她认真学习，为人善良，性格很好，但只要她长得不好看，长得胖，那么不管她做什么，她都是错的，她会收到来自同学的很多恶意。

班上长得最好看的女孩，会有那些年级很拽的"小混混"保护，他们会认那些漂亮女孩做妹妹，或者干脆直接让她们做女朋友。那会儿我们班上长得最好看的几个女生，都有一个"小混混"哥哥或者男朋友，然后全班不论男生还是女生都要让她们三分，甚至跟她们说话都要更客气一点，生怕哪句话说错了让她们受委屈了，她们的背后势力会帮她们来讨"公道"。

而像我这样长得胖，性格内向，关键还很自卑的女孩，就不配在班上大口呼气。十二三岁的小男孩小女孩，不懂得照顾别人情绪，会公开笑我长得胖，一副看到我就觉得"哇，你怎么这么肥"的表情，甚至还会说"你笑起来好丑"。这些话曾深深地扎在我心里。关键那会儿我自卑，被人说自己不好，还没底气站出来反驳，甚至还会在心里想，是不是我真的很丑很胖。

我现在再回头看读初中时的照片，我并不觉得十二三岁的小文多么的胖多么的丑，只是当时家里人总是以好学生的样子打扮我，剪着学生头，穿着中规中矩的衣服裤子，看起来呆呆的傻傻的，没那么时尚，在那群小孩眼中，这样就是土，就是丑。

青春期的小孩特别怕跟"土"的小孩做朋友，好像跟他们成为朋友，自己也变得很土很傻。可能长大后我们才会明白，跟穿得土的人做朋友不可怕，很多厉害的人，都没长一张惊天动地的脸。可怕的是，你一直没长大，一直像十二三岁那样，只以跟那些空有一副好皮囊、爱打架、爱旷课、爱拉帮结派的小混混做朋友为酷。

所以，毫无悬念地，初中三年，我并没有收获很多友情，甚至还度过了很长一段时间的自卑时光，害怕跟人的眼睛对视，怕他们看到我的脸，说我长得丑，怕站在引人注目的地方，怕他们说我胖。

整个初中三年，我只有一个好朋友，她是一个很善良的女孩，不会觉得我不好，甚至在我每次自卑觉得自己不够好的时候，她还会跟我说"你怎么会这么想呢，不要这么想，你哪里不好，我就觉得你很好"。遇到不会的题目，她会教我做，遇到好玩的事，她会跟我分享，甚至听到别人说我的坏话，她还会站出来，替我跟别人理论，指责别人为什么要这么说我。

到现在，我们已经做了十几年的朋友了，就算平时偶尔忙，联系得没那么多，但隔再久，只要跟对方打电话，就又是无话不说的状态，心依旧很近。

每次跟她相处，我就很有安全感，因为我知道我们都很善良，都是直接掏着心窝给对方看，是这个世上除了父母以外，真正为对方好的人。

所以，对 15 岁的小文来说，真正的朋友是，在外人面前，会护你帮你；在私底下，又会真正地对你好，为你考虑，帮助你，鼓励你。

我也很庆幸，虽然那三年，我收到了很多来自同龄人的恶意，但好在，最后我拥有了一个陪我十几年的真朋友。

## 3.

等到高中的时候，我好像一下子就开窍了，或者说突然习惯了。不会像初中那样，因为没有朋友而难过，反倒更加清楚地知道，没关系，现在最重要的是学习，等你努力考上心仪的大学，总会遇到很多志同道合的人。

那几年没有过多地为友谊难过，也跟人相处得很淡。偶尔遇到活动，那我就来早点，座位我自己占，想要的东西自己争取，也并不需要谁帮我留着。

即便高考那年，遇到了两个很为难我的女生，仔细想想我们从不是朋友，不存在朋友之间的伤害或背叛，非要定性的话，也只能说遇到了两个很讨厌的人。但我发现，生活很公平的一点是，每次它想为难我一下，给我设置一个大障碍，又总会心疼我会不会过不去，会再给我派一个很好的人来帮忙。往往碰到几个很讨厌的人，在那后面不久，我就能遇到一个很好的朋友。比如，在遇到那两个总为难我的女同学不久后，我遇到了这辈子很重要的一个好朋友。

也就是前不久，因为一些事我跟家里人吵了架，当时心情不太好，很沮丧，我那个朋友得知后跟我说，你来我这儿待一段时间散散心吧。

收拾几件衣服，提上电脑，我就去朋友那了。说实话，从小到大，我从没在任何人家里，包括亲戚家，待超过三天的，因为怕麻烦别人，所以，我没想过我会很放松地在朋友那里待了十五天。我也坚信，如果你在一个地方待着很放松，不是那个地方很好，而是那个地方的主人很爱你，愿意包容你，才会让你感到很自在。

以前看电视剧，每次看到一个朋友遇到点儿麻烦，另一个朋友毫不犹豫地让她来她那里住的剧情，就觉得这样的友谊好让人羡慕啊。从朋友那里回来，我会很感动地想着，原来我也有着电视剧中让人羡慕的友谊了，在我最需要陪伴的时候，她能给我托底，鼓励我重新振作，陪我度过最难熬的那段时光。

　　　所以，对于现在的我来说，我所理解的朋友是，在你需要的时候，能义无反顾地帮助你，甚至短暂地为你托底的人。

## 4.

读大学时，也认识了一些人，包括大学室友，我们陪彼此度过人生中最美好的四年，但说句很冷漠的话，我并不觉得大学室友算得上是朋友。

大学室友更多算是，没得选，凭缘分，学校给我们分配的必需在一起住四年的一段关系。虽然彼此很熟悉，很清楚对方喜欢什么，讨厌什么，但与真正的朋友相比，这样的关系还是差点什么，她们不会真正地时刻为你考虑，真的对你好。

　　　我常常觉得，时间是检验一段关系最好的工具，一段感情里，不管两人隔多远，五年后、六年后，乃至十年后，你们还在继续联系，还是彼此最好最信任的存在，这样才是真正的朋友。

而一般大学毕业三年后，还会坚持联系的室友真的很少了。

　　所以，常有人跟我留言说，我跟我的室友闹矛盾了，很难过怎么办，或者换了一个问法，我跟我的朋友因为一点小事闹矛盾了，怎么办?

　　每次看到这样的问题，我都觉得大家没分辨出朋友和熟人的界限。所谓朋友是，你们不会轻易为一件小事闹矛盾，因为你们了解彼此的为人，知道彼此是对对方很好的，所以不管遇到什么事，你们会试着去沟通，去理解对方。你的朋友不会因为你跟这个女孩玩不跟她玩生气，也不会因为你考试成绩比她好而生气，更不会因为你无意间说了一句话，她就觉得你在中伤她，跟你摆脸子。

　　真正的朋友不会这样，会这样做的，也不是朋友，顶多只是个熟人。

　　而对于熟人之间的误会，我想得倒很开。如果你很在意这段关系，那就主动点儿，去跟她沟通，解决问题;如果你争取了，跟她解释了、求和了，她依旧摆着一副脸子，那这段关系就顺其自然，不必太难过。想开点，毕竟人活这一辈子，没有哪个人真的能陪我们走一辈子，就当她先我们一步，提前跟我们说完再见，也没啥可遗憾的。

## 5.

　　我二十岁出第一本书的时候，跟我当时的编辑聊天，谈到友情的话题，我说了一句话:我的朋友不多，我觉得人这一辈子也不一定需要很多朋友，只要有那么几个能交心的就够了。

　　从一个二十岁、人生正活得热闹的女孩口中听到这个观点，我的编辑很震惊，后来他还特地跟我说过这件事，他说他觉得我很成熟。但这真的是我的友谊观。

　　我对朋友定义的标准比较苛刻，所以我身边更多的是熟人，真正的朋友关系很少。我对熟人关系向来很淡漠，我尊重你，你尊重我，能做到这一点就够了，我们就可以很好地相处了，我也不会过多地对别人期待什么。至于朋友，只要我认定你是我的朋友，我便会掏心掏肺地对你好。

　　我交朋友最重要的一条标准是：真诚。在人间谋生挺累的，应付领导和一些客套的关系已足够累了，所以在与朋友相处时，真诚最重要，不必说一些客套的话，整一些虚的，大家坦诚相待。真朋友之间也不需要取悦谁，就带着一颗诚心相处，平等而独立，舒服而真心。

　　至于有人会问，大家都说，出门靠朋友，你这一口一个冷淡的熟人，你怎么混社会？

　　恕我直言，你可能对社会有什么误解。就算真的出门要靠朋友，靠的也不是你满口江湖义气，拉上谁都能称兄道弟的那个"朋友"。再说了，朋友是建立在彼此对等的基础上，你不优秀，认识谁都没用，最可怕的是，你把别人当朋友，别人只把你当个陌生人。

　　　至于怎么混社会，我是这样觉得的，朋友是挺重要的，但真正在社会上立足，靠的还是你的能力，靠的是你的努力，是你的耐抗耐摔力。在你真正有实力的基础上，带着真诚谦逊跟人交流，没有人会讨厌你，或者故意断你前路。

　　所以，不要浪费太多的时间为"人际关系"黯然神伤，你这一辈子，根本不需要那么多的朋友。想明白这一点，人生会轻松很多。

# 25 岁之前你要学到的五种能力

我大三开始在网上写作，写作五年，经历了毕业、工作后，最终还是决定回学校继续读书。作为一名即将入学的"新生"，我一直在思考，在我二十岁人生的前半段，我到底学到了哪些对自己很重要的东西，以及重新扎进学校，我需要特别注意在哪些方面汲取成长所需的营养。所思所得总结如下：

## 1. 处理事情的逻辑思维能力

我始终觉得，学习的根本目的，不是单纯为了让我们掌握一个知识，更多的是让我们掌握"发现问题—分析问题—解决问题"的思维能力。

> 拉大人与人之间差距的，归根结底就是思考问题处理问题的方式，即逻辑思维能力。

何为思维能力，简单通俗点儿来讲就是，十来岁的时候，我们用好坏去简单粗暴地为一件事定性，这件事要么好，要么坏；但在不断学习，以及在老师的不断引导下，在大学阶段，我们能用swot 去简单分析问题，我们清楚大多数的事是利弊相间的，有些时候我们能化危机为转机，也能让优势变为劣势，一切取决于我们怎么看待问题、怎么处理问题；等通过进一步的学习，我们能以一个专业人士的身份，利用我们所学的专业知识有理有据地分析问题，并且在我们一系列的分析判断后，我们能得出一个可行且可靠的结论，而这就是很多人眼中的钦佩且羡慕的"专业性"。

　　缜密的逻辑思维能力，会让我们在工作中成为一个考虑周到、全面，能根据实际情况做出适时可行有效决策的人，成为我们职场中的一个加分项。

　　在生活中，缜密的逻辑思维能力会让我们成为一个更明智的人，不会随便跟风，不会被轻易游说，不会被网络上的一些极端化情绪轻易带动，不会被随便割韭菜，而是会让我们结合一些事实，进行自己的独立思考，做出自己的理性判断。

至于这一能力在学校如何掌握：

第一，老老实实学习相关专业的理论知识，虽枯燥，但真的有用。

第二，上课认真听老师讲。老师们讲的课是有自己的逻辑线在里面的，甚至老师们的课件前后之间都是存在逻辑的，所以别小瞧老师们的每一堂课，认真听老师们讲解或分析每个知识点，去学习老师们分析问题的逻辑思维。

第三，平时看待一件事，不要头脑一热就下结论，凡事多思考，试着多去分析一下"这件事具体是什么—为什么会发生（客观环境还是人为导致的）—继续下去的危害是什么—尽可能减少自己损失的方法是什么"，去培养锻炼自己更理性思考问题的能力。

　　*总之一句话，看书是有用的，上课是有用的，学习专业知识也是有助于提升我们逻辑思维能力的。*

## 2. 对自己人生负责的能力

　　与中学阶段相比，大学残酷的地方是，你得对你的行为负责。

　　简单点儿讲，中学阶段若学习不努力，可能会考差，会难过，会让父母失望，会辜负相信你的人，但说到底，你中学时的人生，还有你的父母、你的老师帮你承担，他们都会鞭策着你、激励着你，会想办法让你走得再远点。

　　但大学期间的学习就不是这样了，你学习不认真，考试不努力，就面临着挂科，面临着没法拿到学位证；你不努力看书，不努力写 paper，就面临着没办法毕业；你不自己鞭策自己，鼓励自己，没人会拉着你往前走，影响的是你的人生。以上都不是危言耸听，每年答辩不通过、挂科太多、没法按时毕业的大有人在。

　　大学教给我们最现实的一课就是：**没人能一直帮你，你的人生还得你自己负责。你可以不努力，也可以懒惰，也可以不积极向上，反正所有的后果都是你自己承担，糟糕的人生也是你自己的。反正，以后想要什么样的人生，都取决于你此刻的行为。**

## 3. 结识优秀的人的能力

　　首先，申明一点：我不提倡混圈子。

　　*我眼中所谓优秀的人，就是积极、正面，且在自己的人生里也一直在努力的人，最好是在关键时候能拉你一把，或者把你往前推一把的人，包括良师，也包括益友。*

　　回想我的大学时代，我收获到的最大财富就是认识了几个特别好的老师，认识了很多优秀的学长学姐。

　　虽然已毕业两三年，但我一直跟大学老师保持着联系。前不久，遇到一件特别为难的事，我深夜十二点编辑了一千多字的微信小作文发给我的大学老师，想听她的建议，早上六点她醒来看到消息就马上给我打电话，她跟我分析利弊，鼓励我再往前冲一冲，因为这件事挑战也挺大的，她感觉到我内心有些许胆怯，她直接跟我说"**向上的路，都是艰难的**"，不要怕曲折。而我最后听了她的建议，选择了那条曲折但最后也看到丰硕果实的路。

　　还有我的学长学姐们，他们都是不同领域很优秀的人，会很真诚很无私地跟我分享他们的经验，会在我需要的时候给我帮助，有他们在身边，内心真的会特别踏实。

　　所以，如果可以，读书阶段一定要尽可能去认识一些优秀的人。

　　但，在这里，如何认识优秀的人，我没有也不会提人际交往技巧或者情商等问题。学生时代大家都很单纯，没必要学太多复杂的套路，待人真诚就好。除此之外，唯一且特别重要的一点是：你得让自己同样优秀，有拿得出手的技能，有特长，有自己的能力。

　　*毕竟，想要维持一段长久且有价值的关系，最好的办法就是，互益。你能推我一把，在某些时候，我也会在你的人生里起到我的作用。我们一起进步，而不是你拉着我进步。*

## 4. 保持学习、热爱阅读的能力

我的第一本书、第二本书都是在我大学的图书馆里写完的。

虽然我后来在很多地方写过稿子。在咖啡厅写过稿子，在环境很好、空调开得冷暖刚好的办公室写过稿子，在省级图书馆里写过稿子，也会点一杯果茶在很高级很文艺的书店里写稿子，但毕业好几年了，我心中最适合写稿子最适合看书的地方还是学校的图书馆。

学校图书馆最吸引人的地方，并不是它的环境（毕竟夏热冬凉，空调还不一定及时开，忍不住要吐槽一番），而是图书馆里的氛围。看着身边的同龄人，放弃无效的社交，丢下手机，一头扎进书中，静谧而美好，任何人看到这幅画面多少是能被影响的，会有那么一秒迟疑："我是不是也要看看书，我努力的样子是否也这么美"。

> 总有人浪费青春，但也总有人的青春是充满奋斗且充实的，图书馆就是这样一个让我们看到青春不同样子的窗口。

而且图书馆里真的有特别多的书和刊物，随便看，还不用花钱，是特别好的福利，也是特别好的学习机会。

所以，如果能回到大学时代，给大学时代的小文一个建议，那一定是：**在学校，一定要去看书，每天挤出两个小时来看书，一周看一本，一个月能看四本，一年就能看四十八本。**

一年能看完四十八本书，人生肯定能得到一个很大升华。四年下来，真的能成为一个很渊博的人。读书，是最简单且最有效的自我提升方法。

### 5. 学会独处的能力

**无论是学生党，还是已经从学生阶段走过的成年人，在学生阶段，我们每个人或多或少，都有过人际关系方面的困扰。有人的地方，就有纷争，也属正常。**

尤记得大一那会儿，我会为人际交往而困扰，搞不懂明明我说的是这个意思，在别人口中就变了味。有段时间内心非常孤独，一度难过地想着"为什么我就不能碰到志同道合的人"。

到现在才明白，这世上哪有真正且完全志同道合的人，所谓志同道合的关系里，也有一个人在包容另一个人，或是两个人在互相包容。

后来，我在图书馆里看到周国平先生的那句"尊重他人，亲疏随缘"，当时就被击中。我读大一时，是第一次看到这句话。

再后来跟别人相处，就以周国平先生这句话作为座右铭，而后发现，当你抱着没有一定跟谁交朋友的心态去跟别人相处，会轻松很多，也会顺畅很多。

我是从大学时候开始，尝到了孤独的滋味，但也开始明白，人生终究是一趟孤独的旅程，谁都没办法陪你全程，你得习惯孤独，得享受孤独，得学会独处。

写到最后，继续来讲讲心里话吧。

其实，若我现在是一个在校大学生的身份，我是没办法这么清晰理性地写出这些观点的。不少人是这样的，当身处学校的时候，看到的全是学校的不好，会觉得四年的时间那么长，长到每天玩都觉得腻，而且还总觉得真正有用的啥都没学到，而且读书时代还拼命想逃离学校，过早地把自己装扮成一个社会人。

其中的原因就是"只缘身在此山中"。怪，就怪我们身在学校。但话说回来，这一点，终归也怪不了我们。

得等，等到毕业了，再也享受不到 1000 块钱住一年这么便宜的宿舍，再也吃不到 8 块钱就能买到健康且有营养的饭了，再也没有大把的时间去熬夜、去无聊、去发呆的时候。

等到每天睁开眼，想着我今天不吃不喝还要欠房东 100 块，在为房租水电、为吃饭交通、为工作为 KPI 奔波的时候，我们才会后悔当初在学校有大把的时间，为什么不好好看本书，为什么不好好学点技能，为什么不好好提升一下自己。

大多数人是这样过来的。我也是这样过来的。

也曾后悔过、遗憾过，甚至毕业后的第一年，久久不能接受自己社会人的身份，特别希望睁开眼发现这一切原来是一场梦，我还躺在大学宿舍的床上，没有这么多的压力，还有大把的空闲时间。

> 有些东西，真得失去过，才能学会珍惜；得经历过，才知道如果再给一次机会，我们要怎么走。

但很多时候，人生并没有下一次机会。

所以，在祝年轻的你们人生得意要尽欢、活得尽兴恣意的同时，也祝你们克制且努力，自律且谦卑。

祝你不必过早体验，但一定要再早一点明白成年人的艰辛。

记得，入江湖之前，一定要多汲取点可以傍身的能量。

# 坚持读书，你一辈子都不会后悔

## 1. 读书能安抚你的焦虑和浮躁

有段时间，我活得异常焦虑，整颗心时常是提起的状态，找不到能让我心安的力量；想要的很多，但却又总有一种无力感，感觉自己够不到那些东西；想做的事也很多，但一想到如果我决定去做那件事，我需要查资料，需要学习新的知识，需要打乱现在有序的生活，重新做新的安排，要放弃一部分娱乐时间，而且说不定为之努力了，还不一定会成功，遂干脆果断放弃。

我在这种无法恰当"安放自己"的状态里待了很长一段时间，后来某一天，朋友约我去学校图书馆，那时我已离开校园很长一段时间了。

只是抱着怀念校园生活的目的来次旧地重游，结果走进学校图书馆，看到自习室里的书桌上放着一摞摞厚书，一个个求知若渴的脑袋"扎进"书桌，彼时5月底的武汉天气已是很炎热了，但他们丝毫不受影响，专注且认真地看书，震撼感动之余，我竟有了阔别已久的"心安感"。

我跟朋友说，我羡慕这些能一头扎进书里的人，不管外面多纷繁杂扰，此刻的我只管在这个下午，或者在这一天里，看完这本书，学完里面的知识，这种静谧、宁静且充实的感觉真的很好。

朋友说，**这即是书本的力量。在知识面前，我们的努力都是平等的，不论你多渺小，此刻多么坎坷，也不管你遭遇过什么，它都会包容你。只要你选择了它，你愿意收起自己的浮躁焦虑，脚踏实地去看书，它就不会亏待你。**

你不会的技能，它能教会你；你没去过的远方，它会带你去看；你没经历过的人生，它带你去体验一番；甚至你想去的远方，它都能带你一步步前往，直至抵达。

而且，**阅读的过程中，它总有办法安抚你的焦虑，磨砺你的心智，让你精神充实的同时，内心宁静踏实，这是我们为什么要读书的原因，也是书本于我们而言的力量所在。**

"读书，是一件很有用的事"，年纪小些的时候，我不太能懂这句话，只知道这是父母和老师希望我们去做的事，努力去做便是了。到如今，越长大越明白这句话的深层意义。

## 2. 多读书，让你更明白人生的道理

读书是一件很容易的事吗？

我觉得不是，当然我这里说的是偏文学、偏学术、偏专业性的阅读。

没真正沉下心去读过一本书的人，可能会觉得读书是一件很容易、很赶时髦的事，但当你真正想把一本书读进去，你会发现阅读本身并不是一件容易的事。

最初，你因为新鲜感去读一本书，但时间一久，新鲜感没了，

读书的过程会变得很枯燥，尤其很多有用的偏专业性的书，读起来更是苦涩、枯燥、难懂。阅读是一个孤独的过程，想要十年如一日地坚持阅读，除了热爱，更需要的是毅力和不怕孤独。

看书看得多、学得多的人，都懂得读书是一件需要时间循序渐进去做才能做好的事，一本书放在你面前，你不可能一口气看完，也不可能看一遍就都会，但只要你沉住气，一天看一部分，坚持看，总有啃完的一天。

这点和人生很像，很多事急不来，也无法速成，有时你肯老老实实脚踏实地去走好每一步，尽管慢一点，但总会有到达目的地的一天。有时慢慢来，真的才比较快。

这个社会很浮躁，充斥着焦虑，很多人喜欢"速成"的东西，希望努力和付出能立竿见影，看到别人做成一件事，会忌妒，甚至会想着"他能做成还不是因为运气好"。这也是一个不少人觉得"运气好"比"努力"更重要的社会。

所以，我更加钦佩那些能坚持阅读的人，看起来他们也就只比一般人多看了几本书，但他们身上的精神品质，他们日复一日做一件事的坚持，他们能忍得住枯燥，能在孤独中去做好一件事的美好品质，或许是比"坚持阅读"这件事本身更大的收获。

不管做任何事，都需要努力，且需要时间灌溉。这是一个循序渐进的过程，绝没有完全轻松容易的成功。这朴素的道理，是超越文字本身的，是书籍想要传递给我们的。

### 3. 读书，是自我治愈的过程

我之前写过于丹老师的一个采访专稿，里面有个问题是问于丹老师，我们为什么要读古典文学，读古典文学对我们来说有什么意义？

于丹老师当时的回答是：

"我常常觉得我们读古典文学，如果读出来一片清浅，那固然是一种境界，可以用来佐茶，但如果读到一往情深，那更是一种境界，可以用来激励人生，自我救赎。**因为我们人人都有不容易的时候，如果你看见了古人比你更不容易，你就会勇敢一点，因为我们人人都有胆怯的时候，如果别人的勇敢、别人的深情真的鼓励了你，你就可以气象再辽阔一点。**"

若将这段话放大一点范围，用来讲我们为什么要读书，一样适用。

我们平凡的生活里为什么要去阅读，因为在你困顿无措的时候，去读大师的传记，看到他们也曾迷茫困惑过，你会被安慰被鼓励到，你并不是这世上最惨的一人，最难的时候不要放弃自己，坚持下去，你也可以守得云开见月明。

在你站在人生"米"字路口，不知道怎么往前走的时候，若恰巧在阅读中看到一个前辈，做出与你相同处境时的选择，你可以更坚定地去做选择，更坚定地走下去。

　　在阅读的过程中，我们会遇到很多跟我们某些方面很像的一些人，看着他们做过的一些人生抉择，映照在我们的人生里，让我们自省，而后清醒。书就像一面镜子，在不断的阅读过程中，我们能长成一个最像我们自己的人。

阅读，就是帮助我们找回自己的过程。

## 4. 读书，是实现自我的一种重要途径

在写下这些文字的时候，我就在想，如果不是因为我爸从我很小的时候，就不准我看电视，因为要给我做榜样，我妈也不准看肥皂剧，但在家里买了各种各样的书，从中规中矩的作文书，到各种名著，再到文学书，我被逼得无聊了就只能自己翻箱倒柜找各种书看。

如若不是我爸在我很小不知道读书到底多有用的时候，用一种很强硬，但也还蛮有效的方式逼着我去看书，肯定就没有现在的我，我也不可能喜欢上读书，热爱文学，写作出书，成为作者。

所以，我比大多数人相信读书对一个人发展的重要性。**对我们来说，读书不仅仅是陶冶情操，充实精神，更重要的是，你看过的书、你学到的那些知识，会帮助你，带你去你想要去的地方。**

对很多人来说，读书是能改变命运的一种方式，是能学会更多技能，让自己以后生活得更有保障、更幸福的一种途径。同样，读书，也是能让你实现自由、实现自我的一种方法。

关于读书，网上有一段很有趣的对话：

"我读过很多书，但后来大部分都被忘记了，那读书的意义到底是什么？"

"当我还是个孩子的时候，我吃过很多食物，现在已经记不起来吃过什么了，但可以肯定的是，它们中的一部分已经长成我的骨头和血肉。"

读书最好的目的在于，在阅读的过程中，你能发现自己、认识自己、理解自己，继而实现自己。

# 哪有什么开挂的人生，不过是玩儿命拼的结果

## 1.

作为大多数人眼中靠着走狗屎运走到如今的我，来跟大家分享一下我这些年的"走运"史吧。

20 岁的时候，我开始在网上写文章，三个月不到成为某平台的签约作者，紧接着就有十几家出版公司找我约稿出书。就这样一个默默无闻的大三女同学，成了同学们口中的"网红"，那会儿在很多人心中，"网红"还是一个贬义大过褒义的词。

再接着，很顺畅地，我出了人生中的第一本书，而且这本书也卖得还行。当时我有个很好的朋友直接对我讲，你这种文字，我也能写，我只是没写而已。Ok，fine。我假装没听到地继续往前走。

再然后，我出了第二本书、第三本书，出了台版书，我的文章出现在很多我从小看到大的杂志上，出现在很多很厉害的媒体平台上，我比我很多同学都赚得多，我有一批真正喜欢我文字的读者。我过着很多人羡慕的生活，好像每天什么都不用干，动动手敲敲键盘就行。

　　单看这三段简版的经历介绍，会有很多人觉得，你这一路走得实在顺畅，这也是大多数不太熟悉我的人，眼中所看到的我的样子。

　　但人性很鲜明的一个特点就是：**我们习惯性地只看到别人人生轻松的一面，但作为自己人生的忠实体验者，又深刻地感受到自己人生的太不容易。**

　　以至于，看别人的人生，怎么看都觉得像是充了钱开了挂，看自己的人生，越看越不爽。

　　好像别人没怎么努力，就拥有轻松顺畅的人生，自己费劲折腾，却还是事事不如意。

　　**但还有一个真相是：有时，眼见不一定为实。**

　　你眼睛看到的所谓事实，也是被你挑选过的结果，只是部分客观现实。

### 2.

　　我有个大学同学曾挺不喜欢我的，直接跟我说：我们同一个学校，同一个教室，你有什么厉害的，凭什么你能运气那么好，我们要比你差那么多？他还曾指着我的鼻子说，人家真正的作家应该像谁谁谁，你自己去看看你微博粉丝，还好意思说自己是作者。

　　我能想象到，一个男生一边刷着我的微博，一边找着我的各种漏洞，想要踩我一脚，维护他优越感的场景。可能在他眼中，我的确是靠着走狗屎运，才拥有这样开挂的人生。三年前还没习惯这个身份时，我也觉得这一切不太真实，会怀疑是不是自己的运气太好，会怀疑自己拥有的是不是侥幸，那么这三年摸爬滚打的经历，让我坚信甚至笃信，我能走到这里，不是因为我运气好，是因为我真的配得上。

　　　　这个世上，很多东西都讲究能量守恒的，你想要一般的东西，就要付出一般的代价，你想要更多的东西，就要付出更多的代价。

你见过凌晨两点的星星吗？

不，我凌晨一点两点三点四点五点六点的星星都见过。

读大学的时候，在同学都逛着淘宝追着剧打着游戏睡着懒觉的时候，我早起去图书馆看书，我抱着电脑一直在写稿子改稿子，就算当时做这些而且看不到太多的结果，但我还是在一直做，我在想办法给哪个平台投稿，在想着怎样能写得更好点。

我曾经有段时间在报社实习，每天早上五点半起床赶采访，结束了回来写采访稿，改稿子。因为每天很忙很累，没大块时间看书学习写作，所以我在地铁公交上看书写作，有时是在手机备忘录写字，有时直接在微信对话框里写文章，写完发给自己，等回学校了再复制粘贴到电脑上，当时我的好多文章都是这么写出来的。

还有毕业后，最初在深圳上班，每天下班回到家，洗漱收拾完差不多就到十二点了，但我实在不想放弃我的写作，所以就算再晚，我每天也要坚持写稿子。那段时间我基本每天凌晨三四点睡，一天只睡三四个小时。有时凌晨三点，看着稿子还没写完，急得想哭，一边是真的想睡觉，担心写完睡觉时间又缩短了，一边又实在不想放弃，非憋着一口气把当天的稿子写完才肯睡。

以及现在，因为我在朋友圈微博等各个社交平台展示自己到处吃喝玩儿的轻松场景，所以很多朋友跟我说"羡慕你过的神仙日子"，但我没让大家看到的故事 B 面是，你们所看到的神仙日子的背后是每天写稿到凌晨的我，是每天老老实实脚踏实地一点点努力的我，甚至大多数时候你们今天看到的看起来开心的我，昨天也在为生活崩溃着。

**这世上，从不存在更轻松的人生这一说。**

我曾因为文章观点跟网友想的不一样，被网友骂得不敢去看留言，凌晨三点跟朋友说我都不想继续写了。

大多数人开开心心的 20 岁，我却被一家出版社侵权，他们用我的名义出了一本书，我联系律师，商量着给他们发律师函，以及后续。说好听点儿，我被人侵权了，说难听点儿，我惹上官司了。

家里人从一开始就不支持我写作，我背着他们偷偷写，我发誓一定要写出点儿什么来，就这样靠着自己的不肯妥协，我走到了现在。尽管如此，前不久家里还有个叔叔跟我说"我觉得你们写东西都不是个正经事"，我也很委屈，我靠着自己的能力谋生，我追寻着自己的梦想，我在别人眼中也是被羡慕的对象，怎么到了他们眼中就这么不堪，但可能这就是写作路上光鲜亮丽背后的狼狈不堪吧。既然路是我选的，那这连带的负面反馈我也得认。

…………

非要写出来的话，这一路的心酸事太多了。写不完。

旁观者只觉你得来好像全不费功夫，但当事人心里很清楚，**哪有什么开挂的人生，不过是玩儿命拼的结果。**

任何光鲜亮丽的背后，都有着你想不到的狼狈与磨难。

虽然有时候作为当事人的我们，不太喜欢过分渲染自己的努力和辛苦，更偏爱把所得的一切包装成轻飘飘的成功。这也是世人高阶的虚荣心。

但不说，并不代表，这些辛苦和付出不存在。

## 3.

你若问我，这开挂的人生有运气成分在里面吗？

我答，是有的。

只是当生活把这份好运降到你头上时，你还要有接得住这份运气的能力啊。

私以为，你能接得住这份运气的能力，其实就是你能力的延伸物。这份能力可能是你眼力见儿比较好，你有敏锐的洞察力，你有判断风口、分析问题的能力，你有想做就做的果敢或魄力，你比较会做选择。

或者再说得简单可操作点儿，你能接住运气，也说明你平时比较努力。

因为努力的人，运气不会太差。就算运气实在太背了，东风迟迟等不来，他们也能靠自己的坚持和自律实现开挂的人生。

我很喜欢的一段话是：

"我对任何唾手可得、快速、出自本能、即兴、含混的事物没有信心。我相信缓慢、平和、细水流长的力量，踏实，冷静。我不相信缺乏自律精神，不自我建设，不努力，可以得到个人或集体的解放。"

　　同样，我也不相信任何不付出努力，不栽几个这辈子都不会跟人说的跟头，不经历几次打碎牙也要往肚子里吞的瞬间，不重复经历一段枯燥乏味困境的酸苦，身处当下恨不得按下人生快进键，也只有在挺过去的事后回忆起来才觉得这样的日子才是有意义的时光，就能拥有开挂人生的故事。

　　"开挂"是我们眼中很厉害的一个词，可很讽刺的是，这一瞬间的厉害，需要你在背后很久的默默努力。

　　但，人活一生，不就是只活这么几个瞬间吗？

# 你可以输，但心气不能丢

1.

前几天，和一个朋友吃饭，挺感慨的。

毕业第一年，大家忙着和社会接洽，把"丧"、"不习惯"和生活的不顺意，直接挂在脸上，但她依旧活得生机勃勃，依旧美丽。做着自己喜欢的工作，拿着不低的工资，言谈间对未来充满希望，拥有一张好似从没被生活欺负过的脸。真的很感染人。

不知道的人，会以为她活得很顺遂，但其实，一直以来，生活对她并没有什么偏爱。

去年，她考研失败了，再接着，毕业分手季，和交往了四年的男朋友分手了，并且，在去年十一二月份，她还生了一场大病，在医院躺了差不多一个月。

就……挺不顺遂的。

但她身上最厉害的一点就是，难过的时候，决不服输。

考研失败了，就直面现实，该找工作找工作，决不沉溺于难过情绪太久。我记得很清楚，出成绩的那天晚上，我陪着她绕着学校的操场一圈圈走，她没说过一句抱怨或者迷茫的话，没因此觉得人生就这么完蛋了，反倒还很乐观地说"努努力，人生总会有办法过好的"。

和交往四年的男朋友分手了，她很难过，但在她身上，并未出现失恋时痛哭流涕的狼狈场景，她没低姿态地求他别走，也没过多地指责男生，就发了一条微博"一切都结束了"，蒙头睡了一天，醒来还能继续爱别人。

她不允许，人生被砸在一段感情上，虽然看起来很浪漫，但并不值得。

包括后来生病，家人都担心得要命，但她出奇地乐观，在最难的时候，她也没说过多消极的话。

问她为什么这么乐观。

她说，**行军作战的人，不能认输，局面再难，也要想办法去赢回来。**

## 2.

我认识的另一个女生，她完全活成了我钦佩的模样。

她长得很好看，情商很高，擅长与人打交道，懂得分析别人性格，并对症下药，基本没有她搞不定的人。她总有办法，让跟她相处的人恰到好处地舒服。

不仅如此，她逆商还很高。她也遇到过不少为难的事，但在别人为此焦心哭鼻子的时候，她想的却是"不能白委屈，白难过了，一定要从这些为难的时刻中，压榨出一点点有利于自己成长的营养物"。

刚工作的时候，做错事的同事，把锅甩她身上，让她被老板批评。她没去解释这件事，因为在领导眼中，解释是推卸责任，而且刚去公司没多久，也不太方便直接跟同事对质。

对许多职场新人来说，遇到这种局面，很麻烦，让人又难过，又委屈，但又没什么办法。

但她倒把这黑锅背得心甘情愿。出了问题，那就给出解决方案，及时止损。老板对自己不太满意，那就干脆趁此机会，表现出自己的靠谱负责，给老板留下一个好印象。

同事欺负自己，那就表明自己的态度，别表现得像一个好欺负的受气包，不卑不亢，让对方看到，你虽谦逊善良，但不是随随便便哪个阿猫阿狗都能上来踩一脚。

生活中遇到困难的时候，她也奉行"绝境中开花"的原则。绝境是偷幸福的小偷，面对它的时候，很多人束手无策，眼睁睁看着自己的东西被一点点拿走，毫无还手之力。但她不一样，她不能便宜生活，生活拿走她大件东西，她不抱怨，也不坐着接受安排，她要让这大件东西牺牲得值，想办法，也要将这损失变成前进路上的垫脚石。

> 她最厉害的地方是，决不服输，并且总能从别人眼中的困局中，开辟出一条新道路，反败为胜，并经此一战，拥有比之前更厉害的自己。

事实证明，只要你自己的心气不倒，生活是无法将你打败的。

## 3.

我最近在看《傲骨之战》，这真的是一部女孩们都该好好看的电视剧，剧中三个女性身体力行地诠释了：千万别小看一个不肯服输的女人。

最新一集，Diane 的合伙人被枪击，躺在重症监护室，人心惶惶，公司还一团糟，面对这种危局，Diane 再次气场全开，做出一套自救动作。

抬头挺胸，戒掉不良习惯，恢复情绪，保持思考，并且立刻行动，而且最重要的是，全程都保持着不肯服输的姿态。

60 岁的年纪，面对丈夫出轨、钱财被骗、事业危机时，Diane 依旧能淡定地说出，"我意识到这个世界有多疯狂都没关系，只要我自己的小天地正常就行"。在这场战争中，她从没输给自己。

哪怕生活给了一副很糟糕的牌，也要尽可能地打出顺子，赢得人生大满贯，这才是最值得我们钦佩的品质。

每次看到优雅干练的 Diane，我总觉得生活不管多糟，都还能继续下去，暗暗地想虽然努力看起来很笨拙，但努力绝对有用。

你可以输，但心气不能丢。

> 生活不会总是顺着你的意愿走，你难免会遇到一些突发状况，也难免有失控的瞬间，有时你会在心中默默想着，"人生是不是彻底被我搞砸了"，有时候也会怀疑自己，努力有没有用，人生是不是只能这样了，有时候也真的好想甩下这摊子糟糕事，再也不管了，还有些时候，真的好羡慕别人看起来顺遂的人生。

但你知道吗，这世上真的绝无完全顺遂的人生，所有你羡慕的人生背后，都有无数个迎难而上的瞬间，他们的人生也是在这正面反击中，从命运手里一点点夺回来的。

**4.**

其实，有时候我也觉得，生活好难，自己好糟糕，有时候也会很自卑，有时候也感觉自己很渺小，好像根本无力改变当前的局面，有时候也好希望，有个人能拉我一把，或者就教我一下，告诉我哪条路走下去更好。

但现实生活是，你只能自己一往无前，你只能选择自救，不然就陷下去，再也爬不起来了。

在最难最难的时候，一遍遍告诉自己"不能丢了心气，不能服输"；在迷茫的时候，告诉自己静下来，再努力一下；在遇到麻烦的时候，把哭鼻子的时间，拿去想怎么解决问题，怎么将自己的利益最大化。

我也知道，在变坚强的这个过程中，会存在很多难熬的瞬间，没有人能时刻亢奋，时刻激昂，时刻对生活充满热情，但没办法，你只能慢慢调整状态。

就像我，隔一段时间，就会出现一次糟糕的状态，写不出想要的东西，焦虑、迷茫、丧，觉得努力好累，人生好没意思，遇到一点事情，就想崩溃。在面对麻烦的时候，我也经常被打得措手不及。

但，在那些最难的时候，我也没放弃自救。我知道那不是我喜欢的状态，我知道这不是我想要过的生活，那就想办法调整一下状态，埋头看几本书，看几部电影，去以前每次难过都会去的地方治愈一下，去看一些正面积极的消息。

反反复复警示自己，千万不能被这些打败，千万不能习惯这样的糟糕状况，绝不允许自己就这么混沌地活着。

留给自己几天的缓冲时间，等满血复活，耐着性子，着手解决每一件事，继续好好生活。

迟子建说过一句话："出了这个门，有人遭遇风雪，有人逢着彩虹；有人看见虎狼，有人逢着羔羊；有人在春天里发抖，有人在冬天里歌唱。浮沉烟云，总归幻象。悲苦是蜜，全凭心酿。"你不认输，那就不会输。

**最难的时候，不要放弃自救。**

# 你所羡慕的美好生活，都是别人用心经营的结果

**1.**

总有人看了我在社交平台发的动态来问我，你的生活态度是怎样的，感觉你总能很乐在其中。

今天就来讲讲关于"生活观"这个话题。

准确地说，我也是这两年才学会如何去生活的。

前几年，还在念大学，生活上的很多事，都是学校帮忙安排好的，住在哪里，跟谁住，水电怎么用，什么时候去上课，什么时候食堂有饭，甚至刚去大学，还有学长学姐跟你讲怎么坐公交地铁。虽然很多大学生理直气壮地说着"上大学我们就真正独立了"，包括我当时读大学时也是这么想的，但其实这里的"独立"是要打引号的。

因为大学室友之间矛盾再多，那三个里总有一个合得来的吧，就算三个室友每一个都合不来，班上同学一般住隔壁寝室，班上几十个同学总有一个合得来的，可以跟你一起上课下课吃饭，难过了还有人安慰你。你不懂生活没关系，学校帮你规划好了生活大概的

模样，你还可以模仿你的同学去生活。

　　真正感觉生活很难，是在大学毕业后，那时我只身一人，就拖着一个行李箱，去了深圳，当时以为我就是到深圳那边去玩儿一趟，最多待一周，结果没想到最后在那边开始了工作。

　　当时，在深圳那边，我没几个朋友，唯一一个关系很好的，在我去深圳的第二个月就辞职了，去了另外一个城市创业。那时真的觉得生活很难，尤其对于我这样一个从小到大什么都是父母安排好了，不需要我动手的"娇生女"来说。

　　在深圳的那段时间，是我二十几年人生中崩溃次数最多的时候。


## 2.

　　以前看父母在家做饭，感觉挺容易的，感觉生活也挺容易的，不就是每天三顿饭，吃好，穿暖。对于职场人再加一条，好好工作。

　　但这世上有些事真的是看别人做很简单，真等自己上手了，连手都不知道该往哪里放。

　　在深圳那段时间，我压力很大，每天睁开眼就想着自己欠了房东一百块钱，别说是信心满满的一天了，我每天醒来还没完全清醒，潜意识里就出现一句话"又是疲惫的一天"，连睁开眼的动力都没有。

　　刚上班那几天，每天还认真化个妆，后来随便涂点啥就出门了；而且出门去公司的路上也毫无开心可言。虽然从住的地方到公司只用花一个小时，对于生活在一线城市的人来说，我觉得这个通勤时间已经很仁慈了，但除了挤地铁，中间还要换一趟地铁，出了地铁还要走差不多十五分钟，七八月份的深圳还是很热的，尤其一早就觉得又累又困，结果出了地铁还要气喘吁吁地走上十多分钟，等到公司出了一身汗，黏糊糊的，又是很崩溃。

且不提工作压力大，有时因为做不出自己想要的方案，着急得挠头发想要崩溃大哭这些每天都会遇到的事，就讲讲吃饭这件事吧。深圳的饭菜普遍偏清淡，外卖也不合口味，我一个湖北人真的吃不习惯，每当这个时候一边庆幸自己不是湖南人，一边后悔之前为什么天天说我妈做的饭不好吃，离了家进了社会才发现，我妈做的饭真的秒杀很多饭馆了。因为工作很累（后来也反省了下，主要是当时状态不对），下班回家了也不想再去厨房，那段时间我的一日三餐，要么在楼下随便买点吃了，要么泡面，要么外卖。所以，在吃这件事上，我首先就败下阵了。

还有一件事是关于我的写作的，每天下班回来差不多十点了，收拾一下自己，躺在床上，就快十二点了，就算很累，很想躺下刷个剧，但我就是舍不得放弃我的写作，所以每天就算再疲惫，也会强撑住，打开电脑写文章。经常写到凌晨三四点，努力保持清醒写完稿子后，感觉整个人就像喝醉了一样，脑袋完全失去思考能力，设置好闹钟，关掉灯就睡了。

那段时间，我每天最多只睡四个小时，休息不好，加上吃不好，也没什么朋友，偶尔自己陪自己看场电影或者话剧，挺孤单的，心理状态也不太好，所以整个人是很消极悲观的，我一度怀疑自己是不是轻度抑郁了。

甚至在最沮丧的时候，我还会很挫败地觉得，自己是真的很不会生活，简直是分分钟搞砸自己的生活。

## 3.

很可怕的一点是，我那段时间根本没想过"我的生活为什么会过成这个样子"，人在极度悲观的时候，总会自怜地去感叹生活不如意，我也一直觉得"我是比别人倒霉一些，所以生活才这么不如意"。

　　大概一年后，我才意识到我的问题出在哪儿。

　　一年后，我去我姐姐姐夫家待了一段时间。姐夫在我眼中是一个很神奇的男人，会做面包，会自己在家里做豆腐脑，还有胡辣汤，还有他做的面条跟外面卖的一样好吃。每天在姐姐姐夫家也真的很开心，吃着花样翻新的各式菜肴，晚上还会一起喝茶聊天，有时喝红酒聊天，姐姐姐夫有空了会带我们去露营，去爬山，或者就去逛宜家、逛山姆。

　　这完全就是我理想生活的样子，把日子过得丰富多彩，有爱人，有孩子，很幸福。我打心底羡慕姐姐姐夫的生活。

　　后来有一天，姐姐要给我们做清蒸鱼吃，我在厨房跟她打下手，看着她切大葱放进鱼肚后盖上锅盖蒸，蒸了一段时间后，把大葱扔掉，盘子里多余的水也倒掉，然后在锅里倒油，加葱花花椒等调料，油炸几十秒，再把油直接淋到鱼上。

　　我当时看着我姐做完整个过程，心里想了一句话：嗯，没我妈的厨房功底厚实。

　　我姐跟我讲了一句话，她说：你学会了吗，你一直说做鱼很难，你不会做大菜，那种大菜是妈妈们才会做的，但就算不太懂如何把鱼做得跟妈妈们做的一样好吃，用自己的方法也可以做得很好的。

　　我亲眼看着姐姐做好一桌子菜，用的都是很简单的方法，最后一家人吃得很开心，两个小朋友也开心。我当时挺感动的，就在心里想：其实，这才是生活，远看觉得生活好难，做饭好难，好像自己完全做不来，但只要你愿意动手，总有办法做好，你一家人吃饭的快乐就在你手里，你生活的快乐也掌握在自己手里。

在我姐家待久了，我发现，原来我眼中无所不能的姐夫，他也不是一开始就无所不能的，他的书桌上有好几本菜谱，他有时做豆腐脑也会失手，然后不好意思地说着"大家就凑合着吃，反正能吃，哈哈哈"。每次出去玩，他都是提前规划了好久，我们所有的快乐，也是他私底下做了很多攻略的结果。我最大的收获就是，原来，我们都是生活的新手，没有人一开始就会生活，没有人一开始就知道怎么做一个丈夫、做一个妻子、做一个父亲母亲，我们都在生活中一点点地努力学习如何让生活变得更好。

我发现，原来每天的早餐很容易做，买一个电炖锅，定好时间煮点燕麦或者五谷粥，配上馒头或者面包，早上就能吃得很开心，午餐晚餐也很容易，不一定要吃得多复杂，简简单单做几个菜，就能吃得很开心。

生活是需要经营的，没有理所当然的生活顺利，如果你真的感觉生活很容易，要么你真的很厉害，要么你背后有一个人在替你负重前行，比如你的父母，反正总有一个人在替你操这份经营的心。这是姐姐姐夫教会我最重要的东西。

### 4.

从姐姐姐夫家回来，我认真反省了自己那段我现在想起来都惨不忍睹的生活，我当时搞砸了一切，让自己活得很不开心最主要的原因是，初入职场的我没意识到，人在这个世界上活着，开心也是需要经营的。

如果现在的我，能穿越到过去，我会跟那个小文说：

早上醒来要给自己打气，不管生活再难，也要鼓励自己好好生活，毕竟难也不是只难你一个，总有人比你处境更差，却过得更开心，获得更好的结局，所以一定要保持乐观的心态。

每天上班的路上也不要那么难过，开心一点，可以在路上看一集喜欢的综艺，或者听喜欢的课程，也不要抱怨从地铁口要走十五分钟才到公司，毕竟公司已经很仁慈了，公司的打卡范围很大，你出地铁口就可以打卡了，就当走到公司的这十几分钟是运动，你不是一直在念叨要减肥吗，减肥就要运动。

还有，外卖不好吃，偶尔可以试着简单做一点吃的，中午可以跟同事一起出去吃，平时有时间可以去附近美食店打卡，不要抱怨花了钱也吃不好，要想办法让自己吃得开心。

至于写作，不能放弃，但也不能把自己搞得这么辛苦，其实不必强迫自己每天一定要写多少，追求数量，写作本是你喜欢的事，让它成为自己的负担不好。所以你可以向两年后的自己学习，放平心态，既然写作是你一辈子都要做的事，就细水长流慢慢来，不必用力过猛，太累了没办法一天写一篇，那就努力一周写两篇自己很满意很高质量的稿子。我们活在世上，工作生活学习，都是为了更开心地活着，所以让自己开心快乐最重要。

还有，不要因为累就放弃打扮自己，如果觉得生活无趣，就试着自己给生活找点仪式感，比如感觉沮丧的时候，就特意给自己化一个美美的妆，让自己心情好一点；觉得每天生活单调无味，试着改变一下穿衣搭配风格，平时总是穿高跟鞋就试着穿一下小白鞋，轻松风一点。总之一句话，你要试着自己取悦自己，让自己的生活每天不一样一点，这样你自己也能开心一点。

今年的我肯定比去年的我成长了很多，而我真正意识到自己变得不一样了，是去年年前发生的一件事。

我妈总在讲，她认识的一个朋友过生日，孩子们都回来了，一家人热热闹闹地一起吃饭，很开心。她的语气里满是羡慕。

前几年我听到这种话，只是在内心遗憾地想一句：可是，你家就我一个孩子啊，热闹不起来啊。也的确，我从小就觉得自己缺个弟弟妹妹或者哥哥姐姐，别人家过除夕一大家子热热闹闹，我们家过除夕，就只有三个人，凑场麻将都凑不齐。小一点的时候，我爸就哄着我和我妈一起斗地主，到后来我不喜欢斗地主了，除夕的保留节目就是，三个人盯着春晚看，看一会儿困了，那就忍忍，忍到转钟再睡。

很长一段时间，我一直觉得让我家不够热闹的原因是我差个弟弟妹妹或者哥哥姐姐。

可能是受我姐姐姐夫的影响，去年我妈过生日前几天，我就想起了我姐做鱼的那个场景，我突然灵光一现："也许我可以给我妈一个热闹一点的生日"。所以，在我妈生日那天，我把我家的小侄女小侄子都叫来了，然后我在家用烤箱烤了一个蛋糕，做了很多小饼干，虽然我辛苦地看着攻略和了一下午面，打了一下午蛋，但小朋友们很开心，我爸妈也很开心。尽管蛋糕最后做得不太成功，但也总算通过我自己的努力给我妈一个热闹的生日了。

可能理论知识落实到实践中，我一下子被打通了六脉，反正就是这件事后，我就像突然开窍了一样，一下子就明白了：我们自己努努力，可以让生活过得很开心很热闹很热气腾腾的。


## 5.

生活的本质就是，你要试着取悦自己。

比如，当你心情不好时，你试着去哄自己开心一下，带自己出去吃顿好吃的，或者允许自己放肆开心一下，看三集很喜欢看的电视剧；你很想吃一样东西，但是因为朋友们都没时间，没人陪你去吃的时候，你可以试着自己去吃；当你觉得自己的房子很不好看，你也想要梦幻的房间时，那就自己动手，在网上买壁纸，买能提升生活幸福感的小样，让自己的房间再温馨点。

　　现在的我就是这样一点点试着让自己的生活开心一点。

　　觉得自己以前的书桌不好看，没有坐下去认真写稿子的冲动，就去网上买了蓝色的壁纸贴，买了个漂亮的小书架，还买了一个小笔筒，还换了个简约小台灯，还买了很多很好看的小便利贴。有时生活里很小很细微的一点改变，就能提高你的幸福感。自从给自己的桌子简单布置了一下，猛地觉得"生活真美，我好喜欢我的书桌"，每天在书桌前工作都专注很多了。

　　虽然平时我在各个社交平台看起来生活过得挺开心的，但真的并不是只有开心的瞬间，有时候工作也挺累的，生活的压力也挺大，感觉自己都快成了一个生活的机器，毫无快乐可言，我就会试着跟自己许诺，好好做好这件事，做完了咱们出去吃大餐，去玩，去见朋友。

　　就像读书时，老师父母给我们的奖励一样，长大后，你要学着自己给自己奖励，自己激励自己。这是我与社会交手后，学到的关于生活的最重要也是最有效的一点。

　　我自认为不是一个很懂生活的女生，我也没有很强的天赋，一开始就知道怎么安顿自己，怎么生活，但好在，我一直没放弃，我在一点点地学习生活的小技能，我在努力想办法让自己的生活更开心幸福感更强一点。

　　我所理解的、最好的生活态度就是：我会学着去好好生活。

# 第二章　"伪忙碌"照样会让你焦虑

# "伪忙碌"照样会让你焦虑

**1.**

我以前一度觉得"忙起来，就不会焦虑了"，我现在知道这句话很虚。

明明我已经很忙，很多稿件需要写，需要处理的工作也很多，那段时间还需要写书稿，经常忙到凌晨一两点才睡，哪怕我把日子过得这么"充实"，我内心依旧浮躁、焦虑。

甚至前两三个月，我依旧是这么觉得的。那段日子有很多工作要处理，每周被截止日期（deadline）追着走，尽管都已经忙成那样，但时不时还会有懈怠、焦虑的情绪。有时是觉得工作任务量太大，自己太累，也不太想处理工作，劝慰自己说我今天先躺下休息下，等养足精神明天再一口气做完工作。

等到次日，打开电脑，看着前一天剩下的工作，内心一边懊恼为什么昨天的自己那么懒惰，不把工作做完，一边因为前一天偷的懒导致今天的工作量加重，甚至影响整个计划表，觉得好疲惫。

一次拖延导致我们内心疲惫，内心疲惫的我们经常觉得做什么都提不起劲儿，为此影响工作效率，接着因为工作效率的降低，我们完成一项工作需要更长的时间，我们会变得更加拖延。再然后，我们看着拖延的自己和一堆本该完成却没完成的工作，会怀疑自己最近是不是不上进了，会怀疑自己是不是在变懒变差劲，竟都不愿意努力去生活了。

再接着，我们会由怀疑自己是不是不上进，到开始忧虑如果我一直这么下去，如果我始终提不起劲儿去生活，我的人生会不会越变越差，那么我的未来在哪里。

虽然最后还是会在 deadline 之前完成工作，但与之伴随的还有焦虑，会开始觉得这样的自己不够好，我们好像在消耗自己的人生，这样下去未来不会变得更好，于是变得更加浮躁。

就像蝴蝶效应一样，原本只是前一天偷懒未按时完成工作这件小事，到最后竟延伸到我们对人生、对未来的焦虑和浮躁。

　　我们内心的浮躁与焦虑，是我们期待自己完成却未如期完成那些事的后遗症。

　　我们的情绪，大多有迹可循。

## 2.

最近一段时间，我依旧很忙，与之前的忙不同的是，此时忙碌的密度比以前更大。

每天七点准时起床，吃早餐，去图书馆看书或学习，中午跟朋友一起吃个午饭，吃饭的间隙简单聊几句，吃完午饭继续回到图书馆学习或看书，吃完晚饭有时会去水果摊买些水果，买完水果回去依旧看书或学习。

除了完成本该完成的学业任务，看相关专业书、论文和准备做报告（presentation）的资料外，这间隙还需处理一些班级事务，有时需要我统计数据做一些表格，有时需转发一些通知在群里，并一一回复同学们的消息，等等。在以上事情都做好的间隙，我还需挤出时间写我自己的书稿。

期间虽也会焦虑，担心自己无法在学业上做得很好，也为自己每天没太多时间写书稿紧张，但每天真的太忙太累，晚上躺床上就睡着了，压根没太多时间留给我去焦虑去浮躁。

我已经好久没追过剧了，仅追的一部综艺《德云斗笑社》，也只能在每天吃晚饭的间隙看二十多分钟。有时用一周的时间才能看完一期，有时下一周的节目更新了，这周的综艺还没看完，此刻的我跟以前满世界追着找剧找电影看的我格格不入。

在这样高密度的生活与忙碌下，我是没时间，也没过多精力去焦虑和浮躁的。

也是在经历过真正高密度忙碌后，才发现我之前的忙碌是"伪忙碌"，我之前所有的浮躁与焦虑是"伪忙碌"后遗症。

何为"伪忙碌"后遗症？

是我们以为自己每天过得很忙很充实，但大多数时间只是瞎忙，并没真正去做能滋养我们人生的事。所以在这种"伪忙碌"下，我们一边觉得自己好忙，一边又会怀疑为什么自己已经这么忙这么充实了，生活依旧看不到起色，我们会开始怀疑自己当下所做这件事的意义，会怀疑自己人生的意义。

但不是忙碌没意义，也不是你当下所做的这件事没意义，只是你对你的忙碌和你所做的这件事的态度不够坚定。

忙，虽不是万能的良药，但至少它能解决我们大多数的情绪问题。

## 3.

那么，我们如何做到沉下心不浮躁？

短期看，你只需及时且认真做好你当下应该做好的事情，不要拖延，也不要偷懒。

若你是学生，那就好好上课好好学习，认真完成老师布置的学业任务，待到你认真做出一份份漂亮的作业，你会发自内心得到满足，好的反馈会形成良性循环，这份满足感会带给你快乐，会让你更愿意沉下心做好一件件事。

若你已经工作，那就脚踏实地老老实实完成本该你完成的工作，该做 PPT 就好好做，该做策划的活就好好做创意做策划，别偷懒，也别敷衍自己，真真切切投入工作中去完成一件件工作，去尝试在工作中找到自己的位置和自己的价值。工作之余的空闲时间，可以自己充个电，学习专业技能，或者也可以考一些相关证书，考会计、考计算机证、考英语，等等，总之保证自己是脚踏实地在努力。

切勿怀疑自己所做的努力没有意义，也别轻易否定自己的工作和学习的意义。人生大多数东西的存在是有意义的，只是有些事物存在的意义不那么明显，需要我们自己去寻找，我们得赋予自己当下所做的事情以意义。

当我们坚持一件事超过 21 天，就会形成习惯。当我们扎扎实实脚踏实地过好 21 天，慢慢就会养成踏实努力的习惯，慢慢不再焦虑地不知人生意义在何处，而会坚信我们的未来不在别处，而是由此刻我们的一举一动所决定的。我们自己是能决定我们的未来的。

　　长期看，想要沉下心不浮躁，需多去做一些难的、延迟性回报的事。

这个时代到处都是取悦我们的事物，无论游戏还是社交媒体上的信息，我们的喜好被分析，内容生产者根据我们的喜好生产很多我们可能感兴趣的内容，想留住我们的注意力。

在这种环境下，我们会习惯性地去接受一些通俗易懂且我们感兴趣的信息，一旦我们所接受的信息不是我们所感兴趣的，便马上画掉，进入下一个。我们只关注或者说只爱看我们感兴趣的东西，慢慢地我们习惯碎片化阅读，越来越难进行深度阅读。

我们接受越多碎片化的内容，我们就会越浮躁越焦虑，因为那些碎片化的东西潜移默化间向我们传递着一个讯息："这世上很多东西是很容易、很有趣的"。但很多真正有价值的东西，我们是没办法通过一段几十秒的视频学到的，这世上恒定不变的规则是"想要学会任何东西，都要付出时间和努力，人生没有速成法则"。

**碎片化信息向我们传递的"人生可以速成"类信息，与我们真正把一件事落地，在实际行动中感受到的复杂性、烦琐性产生了一种深深的矛盾和割裂感。这种割裂感会加剧我们的焦虑和浮躁情**

绪，我们充满疑惑："同龄人看起来都那么优秀，大家都能那么轻而易举做成的事，为什么到我做的时候就这么难，是不是我比别人笨一些。"

如何解决碎片化时代带来的焦虑？

减少自己看短平快信息的频率，试着多去看一些厚的、难的、生涩的但有价值的著作，或者学一些比较难的技能。

在做那些有点难的事的过程中，你会一点点克服自己的惰性。在一次次尝试、一次次碰壁、一次次失败、一点点进步中，你会慢慢克服身上的缺点，会一点点打磨你的耐心，会慢慢明白人生没有速成的办法。你想做的事，想去的远方，都得这样一步一个脚印踏踏实实走过去。人生没有捷径，我们必须做的事并不一定总是有趣且都是我们喜欢的，真正有价值的东西也有其枯燥的一面。为了滋养我们的人生，为了让我们的人生变得更有价值，我们也得适时去做一些不那么有趣但有价值的事。

当你明白这个道理，你自会心甘情愿且脚踏实地地努力。不会焦虑，也不会浮躁。

恰恰相反，为了更好地活着，我们得试着多去做些枯燥但有价值的事。

在这个处处宣扬有趣的时代，不要惧怕无趣和无聊，偶尔做点儿有价值但枯燥、"无趣"的事，反倒能活得更充实。

# 迷茫不只是年轻人的特权

1

我始终觉得，人生路口的迷茫期过好了，这段日子就可以成为我们成长路上向上发展的转折期。

讲几件发生在我人生迷茫期的重要事。

大一时，我一度觉得迷茫，不想像室友那样终日在宿舍里看剧刷淘宝，但对于当时那个还没学会独处、干什么都需要找个人陪的小文来说，不管不顾旁人眼光，独来独往去图书馆去自习室，这也不太能做到。那时的我对自己的前途感到迷茫，虽不知道我想要的未来是怎样的，但我知道此刻的人生不是我想要的人生，可我还不知道怎么改变此刻。

青春期的迷茫，是很无力的，靠自己扛或许很难度过去。

于是，当时的我做了个很勇敢的决定，积极寻求老师的帮助。学生时代大家多是不喜跟老师打交道的，但我偏不想做大多数人都会做的选择，我决定让更像成年人的老师帮我度过这次迷茫期。我跟老师讲我的迷茫，毫无保留地讲，老师跟我说，每个人的人生结果都是不一样的，你没必要非要跟大家保持一致，去做你自己想做的事，为你的人生争取你想要的结果。

后来，不管室友几时起，我坚持早起，独自一人背着书包去图书馆，没课时一坐就是一整天，我看了很多书，我开始写作，再后来的故事大家都知道了，我成了"文长长"，出书写专栏写约稿，成为一名写作者。

> 有时我们迷茫，并不是因为此刻人生境况太差了，也不是我们的人生救不活了，更多只因我们身处迷雾中，暂时看不清前方的路，我们需要有一个走过那段路的人来拉我们一下，需要他们告诉我们此刻该怎么走。

不要羞于告诉别人你的迷茫你的困惑，大胆向那些你钦佩且信赖的前辈说出你的迷茫，请求他们给你建议，这是青春期度过迷茫最快最有效的办法。

## 2

一年前我陷入一种很沮丧的情绪之中，感觉此刻的生活过得太熟悉，提不起劲儿去爱生活，每天活得很丧；感觉此刻人生进步很慢，像是到了瓶颈期，又像是看到了自己的上限，好像再怎么蹦跶，我也蹦不过脑袋上方那根线的高度，这不是我想要的；更关键的是，那段时间我对未来很迷茫，我能想象到五年后我的样子可能和现在差不多，进步空间很小，生活快要被定型。

这不是我想要的生活。

我决定放弃稳定工作，回学校重新读书，但父母不理解也不支持我的选择。他们说了很多遍"你要是这么做了，以后肯定会后悔"来试图打消我的念头，他们用"我们是你的爸妈，所做的决定肯定是最为你好的"来劝我接受他们替我做的决定，他们用"你万一没办法回学校读书""你回学校读完书年龄就大了"等现实情况劝说我。

当时的我很迷茫，我感觉自己站在人生十字路口，接下来的一个选择将会引领我人生走向两个不同方向。若是老老实实做着父母眼中的稳定工作，未来差不多也就这样了；若是遵循自己的意愿拼出一条路，未来就是一个谁都没办法预测的模样。

我不想过父母期望我过的人生，但我对自己想要选的未来也不够坚定，我也怕自己选错了，怕过不好自己的人生。

虽然我已大学毕业，但当时我仍给大学时代的老师打了个电话，依旧毫无保留地跟她讲了我的困惑和迷茫，我想听她的建议。

老师跟我说了一段我此刻依旧记得清晰的话，她说：

"父母说，若是不听他们的建议，以后选错了，人生过不好会后悔；但倘若听了父母的建议，过他们想过的人生，五年后十年后二十年后你依旧后悔，依旧过不好你的人生。那要怎么办，怪父母吗？而且父母并不能护我们一辈子周全，爸爸妈妈做的决定也并不都是正确的。你还是得忠于自己的内心，选择一条你愿意走，且能长远而且有较好发展的路。"

于是，我抛下稳定工作，决定回学校读书，决定不再为还没到来的未来担心太多，决定尽力过好自己此刻的人生，尽力把自己此刻做的每个选择变成正确的选择。

虽选择的这条路未来肯定也会有各种挑战，但至少走在这条路上的我此刻内心是平静且踏实的。不再迷茫，而是能更坚定地努力。

我想，这也是度过人生迷茫期的另一个做法。面对二选一不知道该朝哪里走的十字路口，不要怕选错，也不要怕会迷路，忠于自己的内心，大胆去做你想做的事，努力做好此刻你正在做的事。

> 世间道路是相通的，不要怕选错，就算此刻暂时选错了，选了条较远的路，那也没关系，顶多在赶往目的地的过程中多花点时间和精力，只要你内心够坚定，总有办法到达你想要的终点。

不要过分为当下迷茫，去过多消耗自己的精力。听从你的内心，做自己想做的事，多去做，少迷茫。

那些会让我们觉得迷茫的时刻，就是生活在提醒我们：接下来你可能要偏离你内心想走的轨道了，你要想清楚该怎么走，要做自己。

## 3

还有一件事发生在今年。

前不久，我面前摆着两个选择，一个是较难的一条路，尝试了可能会做成，也可能做不成，但一旦咬牙做成回报率极高；还有一个是较容易的一条路，是不需要我踮脚尖，直接能够到的。

　　两条路，只能二选一，一旦选完，这个选择就决定着我未来几年的生活状态。

　　面对这两个选择，我一度迷茫，不知该如何选。**我曾经以为，那些能决定人生走向的决定，都得是很大很大的决定，可现在发现，任何选择无论大小，或多或少都会影响我们的人生。**

　　坦白说，起初我心里是产生过很怂的想法的，在最迷茫的时候，我也曾想过要不就选那条容易点的路吧，没那么多考验，没那么多曲折，多好。**虽说"畏难"并不是多好的品质，但有过"畏难"的情绪，不可耻，我们都一样，偶尔会害怕，偶尔也会认怂，也没必要时时刻刻坚强，允许自己脆弱，只要在脆弱后能重新收拾好自己即可。**

　　我也一样，也怕过，也怂过。

　　只是最后，在我的学长学姐以及老师们的鼓励之下，迷茫时刻的我，还是选择了那条看起来难走一点的路。

　　如今还记得他们跟我说过的一句话：向上的路，都是难走的路。

　　无论迷茫也好，面临纠结选择时刻也罢，我想上面这句话都可以给站在人生"米"字路口但不知道怎么办的大家提供一个思路：**越是迷茫的时候，越让自己活得难一点，去看那些很难啃的专业书，去学很想学但很难的那个技能，去做那些很想做但可能做起来很难的事，去选择那条此刻走起来更难走一点的路，去逼着自己再去突破一下。**

## 4

　　第一个故事发生在我的十八岁，第二个故事发生在我的二十四岁，第三个故事发生在我的二十五岁。

我曾一直以为迷茫是二十岁左右的年轻人的特权，所以在我十八岁时，我理直气壮地迷茫。可在我二十四岁时，还一次次陷入不知如何选择的困境时，我一度焦虑、自责，觉得自己没长成一个体面的大人，觉得自己好失败好差劲，为什么还会一次次被生活绊住脚，为什么把自己的人生搞成这样。

后来过了好久，久到直到前不久，我才慢慢和人生的"迷茫期"做到和解，才明白迷茫并不是年轻人的特权，也不是某个人某群人身上才会有的东西。迷茫是我们每个人在任何年龄阶段都会面临的一个东西，是不管你是十八岁，还是四十八岁，都会产生的一种状态。

现在当我站在不知道如何抉择的"米"字路口，在感到迷茫不知何去何从时，我的第一反应不是去责怪自己为什么这么差劲这都做不好，也不是急不可待地给自己贴上一个"我好迷茫"的标签，而是试着去接纳自己此刻的不知所措，去一遍遍跟自己讲"没关系的，别人在这个年龄在这些时刻，在面临这些选择时，也会产生不确定性的情绪，这都很正常"，而后根据自己的内心，根据自己对现实对未来长远发展的分析，去做最利于自己发展的决定。

在写下这节的小标题时，是打算一二三四分点列清，跟大家讲在迷茫时要多看书多锻炼多学习多和优秀的人交往，而后想想每个迷茫期的人大概都是知道要努力要上进要自律的，这些本就是很美好的品质，也是很重要的做法。不需我强调。

所以干脆把自己迷茫时期的三个故事写下来，想说的只一句：迷茫，乃是人生常态，别大惊小怪，也别恐惧，只当一段经历，去面对。

　　当你不再费尽心思想着怎么去度过迷茫，只当一切都是经历，好好去生活，你的迷茫期就度过了。

　　当你不把这段岁月当成你的迷茫期，你的人生也就不存在迷茫了。

# 如何激发和保持学习的欲望

这一小节我想以一个毕业两年后才决定考研，以及最终成功上岸的学姐身份，从学习方面跟大家分享一下，我是如何不断激发自己的学习欲望，以及长久保持学习专注力的。

## 1. 给自己一个有仪式感的学习环境

对我来讲，一个有仪式感的学习环境是：一张自己很喜欢的书桌，书桌上亮度刚好且有自己喜欢的台灯，台灯旁边笔筒里有自己喜欢的文具，桌上放着几张崭新的、适合我做笔记的 A4 纸，还要有自己喜欢的小闹钟，旁边还放着装满学习资料只作学习用的 ipad，再在旁边放着一盒小糖果或者是口香糖（用脑的时候，吃点糖效率会更高）。

然后再在开始学习前，泡一杯自己喜欢的茶或者咖啡。我能在这样的书桌前，一坐一整天。

给自己一个有仪式感的学习氛围，一旦进入这种环境，端着泡好的茶或者咖啡坐在书桌前，潜意识里就会提醒自己："我要放下其他的杂事，进入学生身份，开始好好学习啦，不能辜负这美好的时光。"

　　传统的教育思维会告诉我们，古人在那么艰苦的学习环境下，都能读好书，我们学习之前也没必要搞得太复杂。但我始终觉得，现在社会诱惑挺多的，有趣的好玩的事也很多，给自己布置一个心动的学习环境，让这个环境吸引你的注意力，让你爱上学习这种感觉，是很重要且必要的。

　　　　好好学习，首先是从我们爱上自己学习时的状态开始的。

　　于我而言，我很喜欢自己与茶与咖啡与书本与知识相伴的感觉。

## 2. 学习过程中，远离手机，保持专注

　　我是毕业两年参加工作后，才决定重新回学校读书的。虽然我的工作也是一直和文字打交道，工作期间我也在不断地看各种书，可坦白讲，毕业后我没看过很专业偏理论的专业书。

　　所以，最初拿着完全生涩且枯燥难读的专业书，内心真的很崩溃。保持极高的专注力和热情，坚持读完十五分钟后，就泄劲了，没法专注，不停走神，且会充满罪恶感地一次次摸手机。这也是很多最初想好好学习的人，都会面临的情景。

　　　　很多时候，我们不是没有学习欲望，每个人内心都有过想要好好学点东西的欲望，我们欠缺的是不断延续自己的学习欲望，保持自己专注力的能力。

后来，我的解决方案是，下载了一个 forest 的手机 App，每天断掉手机的网络，在 App 里种树。这个种树 App 有一个好玩的地方是，一旦你开始点了种树按钮，在规定时间里你不能玩手机，也不能切出这个界面，不然你种的树就会枯萎。

前期的学习性子是靠逼着自己断掉社交，一点点磨出来的。但当你能坚持完第一个俩小时、第二个俩小时……第十个俩小时，等等，你慢慢会对自己的专注力和自律力有信心，你会相信自己是一个能长时间投入学习的人。

**前期靠各种提高学习效率的软件帮我们培养学习的专注力，后期我们长期坚持形成的自律会让我们成为一个学习专注的人。**这点对学习任何技能，准备任何一项考试，都适用。自律的人生也是如此一点点培养起来的。

### 3. 及时给自己正面的学习反馈

游戏之所以能吸引我们，是因为它总给我们及时反馈。登录游戏，可以领金币；打一局游戏，可以领金币；金币攒到位了，可以买新英雄；一局游戏时间再久，半个小时也能看到结果是赢还是输；游戏中还有等级排序，让我们清晰地看到在好友里自己的段位如何。

很多人之所以爱打游戏，就因为游戏会很快让我们看到自己努力打游戏的结果。反馈非常快。

为了吸引大家的注意力，这种类似的"游戏"机制，也被应用到新闻报道中、互联网营销中，以及商家销售中。同理，我们也可以将这种"游戏"机制运用到学习中，给自己及时反馈。

就拿我自己来讲，我很喜欢在 A4 纸上做笔记（带着点儿自恋倾向，感觉自己的字在 A4 纸上写得特别好看，哈哈哈），无论是看完专业书，还是看完任何电影电视剧，抑或是完成一天的工作，更甚至是我之前考科目三，每天练完车，一天结束后都要坐在书桌前总结一下当天所掌握的东西，清晰地让自己看到自己每天的进步。

　　尽管学习是一个长期的过程，但我还是想办法尽量给自己细分一下每天的所学所获，就像玩游戏一样，不断给自己及时正面的反馈，让自己相信这样做是有收获的，也让自己更愿意坚持下去。

　　　我们读书的时候，老师们会给我们设置很多奖励机制，鼓励我们努力学习；等长大一点，会慢慢发现学习终究是自己一个人的事，很多时候我们不会再遇到中学时代那样的老师，费尽心思激发我们的学习兴趣。我们得学着自己给自己奖励，自己鼓励自己。

　　学习欲望是可以被激发的，如果有人会想办法鼓励你好好学习，那是你的幸运；如果没有，那我们自己也可以独立完成这件事，做自己的摆渡人。

## 4. 任何学习，都需要你自己坚持

　　年纪小一点的时候，总把学习想得很简单，总以为只要我下定决心好好学习，只要每天坚持学完多少时间，就可以变成一个学习很好的学生了，也曾以为别人学习好也没什么了不起的，不就比我们多读几本书吗。

　　但如今我不会再这样想了，现在的真实想法是：**学习本是一件**

很难的事，学习任何技能，准备任何考试，学习任何专业知识，这个过程都是很难的。学习一样东西，从不是多读几本书，就能随随便便做好的；学习一样本领，更多需要你的专注、你的自律、你的信念、你的坚持。

坚持，不是我们一天天坐在这里，就能自然而然形成的品质，不是这样的。不被生活锻造过，没有真正地苦过甚至想放弃过，你是感受不到坚持的力量的。

学习中的坚持就是，在你觉得每天重复着同样的事情很枯燥的同时，依旧能告诉自己再耐着性子认真看几页书；是你感觉自己已经很努力了，却依旧进步很小的时候，还愿意认真地跟自己说一句"厚积薄发，不要着急"；是你在看不到希望，甚至都不知道自己这样努力有没有意义的时候，也还愿意继续努力着，甚至再努力一点。

不想把学习说得很轻松很美好，学习本是严肃且真的很辛苦的一件事，没有持之以恒的信念，是很难到达彼岸的。所以端正态度，别把学习只当成一件好玩的事。

激发并保持学习欲望最根本的办法就是，你要发自内心地自己想学，要自己想清楚学习任何技能，是对自己的提升，要不怕吃苦且关键时候能坚持，要很清楚你想要去的远方在哪里，你究竟有多想要到达那个地方。

方法再多，归根结底还是得你自己一个人坐在书桌前，看完一本本书，吸收一个个知识点，熬过一次次崩溃瞬间，别人帮不了你太多。学习，终究是你自己的事，需要你自己的坚持。

最后，跟大家分享一个我的秘密。

一直以来，我有个从没跟人说过的梦想，希望自己有一天能像电视剧里的女生一样厉害：名校毕业，学习很好，学什么都快，做着了不起的工作，能独当一面，有自己擅长的领域，会吃会玩会赚钱，还长得漂亮。

但长久以来，我一直不是那种很聪明的女生，读书时代是不会被老师表扬也不会被老师点名批评的中等生；学东西一直很慢，考个科目三都要被教练反复骂，每天被骂到怀疑人生，他说我是他这批学员中最差的那个，说我肯定考不过的；活了二十多年，所有的自信和荣耀都是写作带给我的，但在这个领域里也没做得特别出彩，也只是平平而已。

可现在，我还是能到自己想去的学校继续念书，科目三也是超常发挥一百分一把通过，写作也一直在坚持，人生也在不断地进步。虽然一直走得很跌宕，也走了很久，但一切都在慢慢变好，我也在越来越靠近那个我曾不敢说出口的梦想。

而这一切，没别的方法，就是笨拙地努力着。

没别人学得快，那就老老实实多学几遍；也有偷懒的心，但为了心中那个更远的梦想，可以忍忍；也有觉得很难的时候，怀疑自己是不是在某方面没天赋，是不是真的不适合一件事，但怀疑完了之后，还是愿意坚信"志之所趋，无远弗届"，还是愿意再花点儿心思再努力一点；也经常被打击，但好在内心足够坚定，不愿意相信别人对自己的评价，会自己保护自己的内心，坚信自己虽然笨拙点儿，但还是特别的。

学习这件事，就是这么简单，确定自己想要去的地方，虽笨拙但依旧坚持着努力着。

# 你不想做的事情里，藏着生活给你的馈赠

### 1.

从辅导员手里，拿到大学毕业证的第二天，我就带着一个行李箱被安排去了深圳。

之所以说"被"，因为那的确不是我的本意，忘了之前的哪一天，我爸把我的简历骗到手，说是帮我看看，然而转手就帮我投了一家媒体公司。

这一切还是在我邮箱收到那家媒体公司的面试邀请通知时，我爸才跟我说的实话。

说实话，我这辈子打死都没想过，我会去深圳工作，甚至在我收拾行李箱时，我心里的想法还是：拿几件衣服就行，反正，我最多在那边待一个星期就会回来的。

我很简单地收拾了几件衣服，开开心心地坐着高铁去了深圳，临走前还跟我妈说"我去玩几天就回来啊"。

所以，后来我爸直接跟我说"你留在那边上班，先不要回来"时，我内心是错愕的，有种被我爸骗到遥远异乡的感觉。

我说，我就收拾了几件衣服，我的东西都没拿。

我爸说，重要的东西都带了就行了，剩余你还要什么，我就给你寄过去。

也是在那一刻我突然明白，原来活了二十多年的我，能带走且需要带走的东西不多，全部的家当就是：那一张纸外面套着一个壳子的毕业证书、一张身份证和一张银行卡。

我们一直以为从一个城市离开去另一个城市，是需要很长时间做很多准备工作的，但事实证明，有些新的开始，也可以很仓促。

开启新人生的成本也可以很低，只要你敢。

于是，我开始了我的深圳生活。


## 2.

我有一个表姐在深圳，但是来到深圳前的二十几年，我跟这位姑妈家的表姐说的话没超过 20 句，年龄相差一轮多，让我每次看到她都感觉我们没有共同话题。但被我爹"赶"到了深圳，我像认亲般地去找了我的表姐。

因为很陌生，最初相处起来很尴尬，但姐姐人很好，熟悉后，我们成了很好的朋友；姐夫很睿智，对我们也都很包容，是朋友一般的存在，没有一点距离感；姐姐的小孩很可爱，第一次去他们家，小男孩又害羞又期待地躲到房间里，姐姐解释说"家里很少来客人，所以他有点害羞"，过了一会儿他出来了，亲昵地叫着我"小姨"，那是我二十几年来第一次被人认真地叫"小姨"，也是第一次觉得被小朋友们不喊姐姐，喊"阿姨"也很开心。

尽管如此，对于深圳这个地方，当时的我始终爱不起来。

夏天很炎热，虽然与武汉相比，没那么闷热，因为临海，总有些许微风吹过，但无法否认的是，从小被人夸长得白的我，过完深圳的一个夏天，黑了。

那座被夸为现代化程度很高的城市，对我来说很陌生，这座城市里我唯一的一个朋友，在我刚去深圳不久后，就从互联网巨头公司辞了职，离开了深圳，去另一座城市开始创业。坦白说，在他没走之前，我蹭了他很多顿饭，还有过一段很开心的记忆。

还有这座城市的夏天像个变脸的孩子，经常刮台风下暴雨。狂风暴雨，这个我曾经觉得很夸张、极具文学色彩的词，用在六七月的深圳，一点也不过分。

我经历过，白天艳阳高照，傍晚突然下暴雨的时刻。沿海城市的暴雨跟内地城市的暴雨不一样，深圳的暴雨很凶猛，像是一个发脾气的顽皮孩子，他力气很大，把天空撕开了一个大口子，然后拿着接满水的盆，一盆一盆不间断地往下泼水。最厉害的时候，三十秒不到，你就会被淋个湿透，身上的衣服可以被拧出水来的那种。

记忆很深刻的一次暴雨是，我刚上班不久，一天下班后，我刚走到公司大门口，外面就开始下雨了。久住深圳的人，都知道出门随手要拿把伞，男女都不例外，但没多少深圳生活实践经验，更没看天气预报习惯的我，那天没带伞。

走到地铁口要 15 分钟，走到公交站要 10 分钟，但没伞哪都不能走。于是我站在楼下开始打车，打车软件显示着，前面排队168 人，预估排队时长 2 小时，等了差不多 30 分钟，显示的排队人数还有 120 多位。身边的人要么淋着雨走了，要么找到合打伞的人，要么等一会儿有人来接，和我一起等雨停的人，换了一批又一批。

想着我姐还等我回去吃晚饭呢，我不能耗太久，不能干等着，心一横，把自己的电脑包举到头顶，挡着雨往前跑，一边跑一边祈祷着雨水不要渗进电脑里，一边提醒着自己不要跑着跑着摔跤了，不然真的很丢人。

我拼命地跑到最近的公交站，只用了平时一半的时间，心里还暗自庆幸着"叫车要排队，公交总不用等这么久吧"。事实证明，我不仅太年轻，还缺乏生活阅历。

我站在公交站台上，一遍遍地刷新着公交 App，查看公交车还有几站进站，等了半个小时，早就过了到站时间，依旧一辆公交没来，我才意识到在深圳这个奇特的地方，暴雨也会影响公交车。

浑身湿透的我，站在公交车站，打开自己刚取消排队的打车 App，发现现在排队的人更多了，这次是从 208 位开始排队的。

我记不清最后我是怎么回家的，只知道那次我差不多花了四个小时回家，那也是我目前的人生中，直接经历的最大的暴雨。后来公交车站除了我，没有其他的等车人，站在公交车站等出租车的我，看着越下越大的雨，心里想明白了两件事：

第一，越是很多人排队时，打车 App 越不要随便取消。因为此刻你叫到的号再靠后，也会比你半个小时一个小时后重新排队的位置靠前。

第二，我快速地在脑中构思了一篇写作大纲，一边好想冲这下个不停的暴雨骂一句，一边内心暗自窃喜着"嘿嘿，老娘又有了新的写作素材"。

可以说，二十岁的小文还是很懂得苦中作乐的。


## 3.

读书的时候，觉得人生的排列组合是"困难—容易—困难—再容易"，对年轻的我们，生活还是很仁慈的，往往给了我们一个巴掌，怕我们丧失信心，会再给我们一颗糖；但真正的成人世界不是这样的，难关就像杂草一样，一茬接一茬的，永远没有被割尽的那一刻，而且后面生长出来的杂草难割程度还是不断上升的，往往每次在你经历下一个难关时，还总会庆幸"还好上一个难关没这么难"。

我的难过瞬间，也是不断升级的，成功地从吃穿住行上升到关键矛盾层面。

我一直不肯放弃我的写作，在深圳那段时间，不管每天上班多么忙多么累，下班回到家，都要坚持写一篇文章，看一个小时的书。

简简单单一句话，读起来很自律，很努力，很励志，但身处那个环境之中的我，每天都感觉自己压力大到就要爆了。

我的本职工作也是跟文字相关的，还没毕业的时候总听人说，以后要找一份你热爱的工作，当时没想到的是，当你把你的热爱变成你的工作，再强烈的热爱也可能被工作压力消磨掉。

就如我，最初上班的时候，因为写不出想要的方案，做不出一篇好的报道，都会着急得掉眼泪，甚至会怀疑自己文字方面的能力欠缺。总在文字上受虐，久了，提到写作方面的事，脑中首先浮想的就是写作的痛苦记忆，很不愿意再打开电脑写东西了。

就算当时我很讨厌任何跟文字相关的话题了，但因为不舍得丢下好不容易走到这里的写作路，还是会一直逼着自己往前走，真的是硬生生地逼。每天下班回到家，不管多晚，都要坚持写东西看书。我给自己买了个小桌子，支在床上，把电脑搁上面写稿子，经常是从十二点多写到凌晨三点左右，然后把小桌一合，顺手放在床边，躺下就睡，早上七点多起床。

那段时间过得很痛苦，曾经在我心中称得上是热爱的写作，在那大半年时间里，一度成为让我想起就觉得是很恐怖的事。出于对自己的负责，我没办法干脆地说一句"大不了，老娘不写了"，但每次凌晨两点还没写出自己想要的东西，我也真的很急，害怕在三点之前写不完，耽误睡觉的时间，更怕自己写不出满意的文章。

好的是，在深圳的那段时间，是我进步最快的时候，我把自己逼得很紧，把一天掰成两天过，学到了很多东西。与此同时，也是我情绪最低落的一段时间，我时常感觉自己像是得了抑郁症，很难有发自内心的快乐，写的东西也越来越消沉。

甚至跟我一直合作的某个专栏的编辑，在那段时间每次看了我交上来的稿子，都会热心地问我："长长，你最近是遇到什么事了吗，我看你的文字不是很快乐，有什么愿意跟我说的可以随时来找我。"

在还未完全进入成人世界前，我们听过很多譬如"成人的世界，没有容易二字"这种大道理。年轻时的我们，也总喜欢伪装成熟，假装自己很懂成人世界的残酷，一切道理了然于心，等真正经历这一切真枪实弹时，却发现，原来成人世界里的难，真不是简单一句话就能轻飘飘概括的，是真的很难。

小时候看港台剧，看到某个经营家庭失败的女性，被告知"要平衡生活和工作时"，内心总是很小瞧地想一句"又不是多难做的事，竟然还会搞砸"，那时候我以为"平衡"二字很容易。

直到长大后才发现，"将工作和生活平衡"并不是巴啦啦小魔仙口中的一句口号，只要将这八个字念完就能实现。随便一句我们曾以为很容易做到的话，一旦要落实到真实生活中，都很难实现。

这也是后来的我，花了很长时间才愿意去接受的事实：在生活面前，我始终是一个新兵，要学习的东西很多。

但当时的我不明白，我不肯承认是自己应对生活的技能不够成熟，偏把一切归咎为生活太为难我了。所以，最后我不顾所有人反对，辞职离开了这家业内很知名的传媒公司。

### 4.

这段很失败的职场经历，我没有跟任何人讲起，虽然我并无任何人设可言，但总觉得这段时光里的自己过得有点灰溜溜，难以启齿。

这之后的很长一段时间，深圳成为我心中最犯怵的两个字，自己没能征服那座城市，却被那座城市打败，自信心也的确有点受挫。

我曾以为我不会跟任何人讲起这段黑白色调的经历，用我常挂在嘴边的那句话"每个人这辈子总要栽几个这辈子都不会跟别人说的跟头"，这件事就是我栽过的难以跟人讲起的跟头。

直到我回武汉的半年后，我坐在出租车里去办事厅处理一些事情，那时正是六月中旬，司机把车内的温度调得很低，但丝毫不影响看到窗外火辣辣太阳时心里还是会产生很强烈的炎热感。办事厅在偏郊区一点的地方，远离高楼大厦，来到宽阔地段，我抬头看到远方的天空，天灰蓝灰蓝的，雾蒙蒙的，看不到几朵云，给人一种很不痛快的感觉，就在那一瞬间，我突然很想念深圳。

想起我刚去深圳的时候，也是六月份。去姐姐家的第二天早上，姐姐就带我去附近的海边走了一遍，空气很新鲜，海面很辽阔，天空很蓝，天上的白云朵清晰可见，每朵还有不同的形状。随手拍了几张照片，蔚蓝的天空，像棉花糖的白云朵，和热带地区特有的大叶子树一起，随便一帧图都很唯美。

记得当时姐姐还帮我抓拍了几张照片，真的特别好看。

六月底也刚好是吃荔枝的好日子，记得很清楚，姐夫买了一箱新鲜的糯米糍荔枝，我跟姐姐说"我不喜欢吃荔枝"，我姐给我一个白眼，顺带着一句"那是因为你没吃到新鲜好吃的荔枝"。后来事实证明，我还是喜欢吃荔枝的。

姐姐家的小孩放暑假的第二天，我和他一起躲在房间里，开着空调，吃着西瓜，在电脑上看《菊次郎的夏天》，记得很清楚，我当时还用手机拍了一张电影开始前屏幕上出现的"summer"的照片发在微博上。

电影的剧情记不太清，但后来的每年夏天就像仪式感一般，我都会把《菊次郎的夏天》看一遍，把那首"summer"听一遍，总感觉看到北野武那张坏坏大叔的脸，才算过夏天。

还有，七月份的时候，和姐姐一家去南澳的海边去玩，住的是民宿，看到当地人最原始的冲浪滑板。看到大海的瞬间，感觉自己所有的戒备都放下了，像个三岁的小朋友一样，我很认真地在海边捡了贝壳，虽然都是些很小的贝壳。

当时没经验，我把拖鞋脱到海边，就没管了，快乐地玩儿水去了，过了一会涨潮了，海水把我的拖鞋给带走了，才明白，海边没有真正安全的地方，看起来再安全的海岸线，也可能因为一个涨潮，变成大海的一部分。还好后来退潮了，博爱的大海它把我的鞋还给我了。感恩的心。

以及晚上，大家一起在院子里露营烧烤，八岁的小朋友还帮我烤了两串肉串，很开心地跑来跟我说"小姨，给你吃"，虽然没很熟，但当着他的面，我很开心地吃了，跟他说了谢谢，内心充满感动。不记得当时谁放了一首《凤凰花开的路上》，坐在秋千上的我，第一次发现林志炫的这首歌真是应景，真好听。

我们一起去果园摘了热带水果，也是第一次，我看到火龙果长在树上的样子，还有菠萝，很大的杧果、木瓜和榴莲。我以前一直对夏天没多大印象，总感觉夏天跟冬天唯一的区别就是热和冷，在深圳过完夏天的那一年才知道，夏天是有特殊记号的，那些水果就是夏天的标志，夏天有它专属的味道，就像学校割草机割草的那个味道，是带着草香的绿色味道，黏腻空气中总带着些清甜。后来不管我去哪里，每次在水果摊上看到这些热带水果在卖，就知道夏天来了，也会想起那一年的夏天。

还有，我被我姐和姐夫激着第一次吃了"榴莲"，也不是很臭吧，反正我是生吞的，没尝到味道。虽然我姐说不吃榴莲的我很土，但谁会在乎呢，当个土萌女孩也不错。而且最后我还写了篇关于榴莲的文章，讲的是我姐和我姐夫的爱情。

原本以为，提起深圳，只剩下最难受的感觉，但两年后，当时间再次来到六月份，却发现所有关于夏天的记忆都是在深圳发生的，而且，再想起那个地方，脑子里剩下的也都是美好。

我记得，在那个没打伞，顶着电脑包，往前跑的暴雨天，过马路等红绿灯时，有个女孩看我没打伞，一句话没说，直接朝我这边挪了点儿，把她的伞分了我一半。

我租的房子和我姐在一个小区，所以有好几次凌晨赶完稿，周末在家只想躺着睡觉，我姐怕我孤独，非喊我去她家吃饭，我不想动直接拒绝了，然后我姐让她家小男孩给我送了吃的，很温暖的回忆。

喜欢骑山地车的表哥，带着骑摩拜的我，绕整个深圳大半圈，虽然我的摩拜肯定没他单车骑得快，但他尽量放慢脚步等我，带我更直接充分地接触这个城市；还有表姐，我们一起去爬了深圳的南山，走到山顶的时候，我拍了一张俯瞰整个深圳的照片，的确很壮观；还有每次心情不好，姐姐和姐夫就会拉着我坐在卡通垫子上，喝着红酒，谈着心；还有，爱喝茶的姐夫，经常组织姐姐、我，还有一个小表弟在晚上喝茶，聊人生，简称茶话会。

我见识过真正的台风天，每个人的手机都会收到一条橙色预警的短信，学生们会停课，有些公司还会停止上班，放假一天。现在想想，好酷啊。

甚至当初熬的那些夜，现在想起来，也觉得很有美感。

身处故事当中的我们，不会明白我们的经历多么的珍贵，以及美好，但是没关系，总有一天，有一个刹那，会让你明白，你所走的每一步，没有白白浪费的。

　　　生活没有亏待我们谁，若你此刻没有发现生活的美，那只能说明时机还不够成熟。你目前所经历的生活，也没如此不堪，日后有一天再回想起来，你会看到其中的亮点。

## 5.

这段毫不起眼的经历囊括了我人生很重要的几年，甚至改变了我的一生，让我从一个浅薄的人，慢慢变得深刻。

我从没想过我会喜欢上深圳，也没想到在这边会和我姐成为很好的朋友，我姐和姐夫的家，也成为除了我爸妈家外，我内心的第二个栖息地，是跟家一样能给我安全感的地方。

后来，我曾去过深圳。离开深圳的第二年的冬天，我特地跑去深圳过圣诞节，拖着行李箱站在我姐家小区楼下，跟第一次来到深圳时一样，拍下小区那一簇簇独具热带城市特色的大叶子树，发了条仅自己可见的朋友圈"我又回来了"。

这是我二十多岁人生里很重要的一段经历，它变着法来告诉我：**不要排斥生活，不要排斥生活的变化，在有些你当时心不甘情不愿做的事情里，恰藏着生活给你的馈赠。**

比如，在深圳生活的这段时间，蹭着我姐、姐夫，见识了中产阶级的生活，看到那些很有成就的人，他们也都在很努力地生活；去见了更好的风景，吃了更好的食物，更加确信，我们心中向往的远方，努努力是可以到达的；看到过不同的人生方式，明白人生成功的模板不只那么几个，我们真的可以活成我们想要的样子，也让我更大胆更自信更笃定地做自己；那段没日没夜工作写稿的时光，也让我相信，自己认真起来的样子也很迷人。

我也终于成了一个会说"感谢经历"的人，我比曾经任何一段时间更相信"存在即合理"这个道理，以后再碰到荔枝或者其他新鲜事物时，我不会再早早地给一个事物贴上我的主观定义，我姐说的那句"你没吃到好吃的，所以才觉得不好吃"，也成了一句我用来警醒自己的话。

最重要的是，我终于能面对这段经历了，无论好的、坏的，成功的、失败的，做好的、搞砸的，我都愿意去接受，因为有这一切，才有了此刻的我。

# 如何在努力和倦态之间找到平衡？

### 1.

《脱口秀大会》里有一个我很喜欢的脱口秀演员呼兰，他的段子讲得很好笑，而且本人也很优秀，哥大硕士毕业，一家公司的CTO。

节目组放了一张脱口秀演员的一天日常，别的演员一般是全职脱口秀，每天要么花几个小时的时间看书追剧，要么吸猫，要么全天候写稿改稿。而还在上班的呼兰的一天真的太高密度了：

凌晨五点起床，写稿四小时，中间花十分钟吃早餐，九点出门上班处理工作，中午十二点到两点也没停歇地在工作，下午出去演出，演出中途回复公司消息，演出到晚上八点再回公司加班三个小时，晚上十一点回家继续写稿到凌晨两点，然后睡觉。

呼兰还在节目中说，他很享受这种忙碌的感觉，忙到很累很累，然后倒头就睡着。

说实话，就着这张表，配着呼兰的话，我竟然有种被燃到的感觉，不禁感慨，果然是大神，比你优秀的人，比你还努力，还比你更享受努力。

后来，我分析了我喜欢呼兰的原因，起初因为他段子好，还学历好，名校毕业的聪明学生本来就让人很有神秘感，让人很感兴趣；之后，可能就是因为看了他那张时间表才发现，他身上没有聪明学生所有的优越感，反倒很踏实很努力，他的存在好像就跟很多人证明着：努力是成为一个优秀人最重要的品质。

后面很长一段时间，呼兰的那张时间表，一直激励着我。在我因为又要工作又要学习又要写作，忙到想抱怨生活的时候，总会以那张表勉励自己：你看，别人那么忙，依旧把什么事都做好了，真正有能力的人，什么事都能处理好，你不能抱怨，要想解决办法；偶尔写稿到凌晨两点，会带着点儿委屈地想着"我真辛苦，我为什么要让自己这么累"，但每次感觉到自怜的情绪要出来，总会跟自己说：人家每天睡三个小时，还说很享受这种忙碌充实倒头就睡的感觉，人家比你厉害还能做到这一点，你有什么好觉得自己惨的。

在很多人眼中，我是一个很励志很努力的人，但故事的 B 面，我没说出来的是，很多时候，我也这样靠着别人给我的能量，才能保持努力向前的姿态。

我并不是天生就知道要努力的，我也是一点点去学着努力。

## 2.

我很小的时候就知道，我很普通，我这辈子不可能成为那种很厉害的学霸，我也不是天选之子，我也知道我们之间有很大差距，但我心里还是忍不住会羡慕会希望有一天成为那种很厉害很聪明的人。所以在读书的时候，我在微博上关注了很多名校的大学生，或者名校毕业的人。

可能你们觉得这一招很俗，但我就像个偷窥狂一样，偷看着别人的微博，好奇着那些聪明孩子，读了哪些书，看了哪些电视，最近又做了什么事，然后一件件地模仿。好像我只要跟他们看一样的书，跟他们一样学习很久，我就能成为他们。

记得很清楚，我当时在微博上关注了一个小姐姐，国内 985 的大学生，大三去日本做交换生，她很详细地在微博上记录自己的生活，今天几点起床上课，最近又在准备什么论文，今天又在图书馆待了多久查资料，以及还有考试周，她每天靠咖啡支撑着赶报告到凌晨两点。

我每次看了她的微博都很受激励，然后学着她背着书包去图书馆自习，学习的过程有时是很枯燥的，但我总会一遍遍告诉自己：看呀，那些你羡慕的人，就是这么一次次做好你眼中很枯燥的事，才变得优秀的。

我开始像那个小姐姐一样，很努力地学习，就算偶尔嘴巴上会抱怨几句学习压力很大，但嘴上说，手依旧不停，依旧会很认真地学习。

有时真的很累很不想努力，就会看她微博上发的那些照片，看她去不同的国家旅行，拍很多只有在电视剧中才能见到的风景，然后会鼓励自己：你以后也想去看一看更大更美的世界吗，如果想，那现在就沉下心好好努力，不要再懈怠了。

照着别人的人生去活，这种方法看起来是很蠢；但照着一个优秀的人走过的路，模仿着一步步走，对于十八岁的我来说，这样的方法最奏效。

包括现在的很多时候，有时候看书看不下去，尤其那种专业性很强的书，看着会觉得很枯燥，总会假装学霸上身，想象着如果是一个很聪明很厉害的人，在看这本书的时候会怎么样，然后想象着他们的行动，耐着性子，认真且专注地把书看完。

我就是这样靠着吸收别人身上的优秀的地方，学着别人的优点，假装自己是一个很厉害的人，并以一个优秀人的标准去要求自己，然后慢慢地，我好像真的开始变得有那么一点厉害了。

现在这个社会，很多人看不起"励志"这两个字，但作为一个也曾被别人丰富多彩努力的人生鼓励过的人，我比任何人都相信"励志人生故事"的积极作用。

或者再说得直接点，很多正面积极的方法，因为你信了，所以才能实现。因为只有相信奇迹的人，才能创造奇迹。


## 3.

但不同于一般的知识技巧，你学会了那就会了，努力这个事，就算你现在学会了，总有一段时间，你还是会懈怠，会不想努力。

尤其是你斗志满满地在努力，但每隔一段时间，总有那么一阵子，你就突然不想努力了，甚至会很丧，没有前进动力，找不到努力的意义。

这也是我后来才学会的，人生最难的不是你想努力，不知道怎么努力，而是有一天你不想努力了，但你知道现在还不能停下来，你不知道怎么劝自己继续努力。

在很用力地往前冲了两年后，某一天醒来，我突然发现自己懈怠了，不想努力了，只想躺在床上吃垃圾食品刷剧看小说。最开始我发现自己松懈的时候，我会很自责，会责备自己不够好，不够认真。但人真不能总是责备自己，批评自己久了，会更加没信心努力。

　　所以，我在这种"好累不想努力—你为什么不努力，你怎么能不努力—怎么办我没办法再努力了"的情绪里循环了很久。我怀疑自己是不是江郎才尽，拼累了，从此就要懈怠，人生就要走下坡路了。甚至在那段时间，我还总觉得那些古话说得很对："人老了，体力会没以前好"，二十几岁的我会觉得自己老了，会给自己的不努力找很多"完了，没办法改变"的借口，有种让自己接受命运的意思。

　　这样的心理暗示最糟糕的结果是，久了，你会真的觉得自己越来越差，你的大势已去，再也回不去了。更悲观的是，你的处境就会越来越悲凉。

　　我在这种"不知道怎么劝自己努力"的负面情绪中待了很久，直到有一天，我跟一个朋友聊天，他突然说了一段话：世上很多东西都是不断交替出现的，没人能永远积极乐观，也没人永远处在负面情绪中，这很正常；一个很努力的人，会突然不想努力了，想懈怠一阵子，这也很正常，不要太自责，我们要试着接纳自己，在你很累不想努力的时候，试着让自己适当休息一下，但是与此同时，还是要适当做一些努力的事，一点点调整好自己。

　　因为我亲身经历的这件事，我开始明白，任何事太极端都不好，人的情绪有起伏变化，以此交替维持平衡，我们在努力和休息之间的度要好好把握，不能一口气用力过猛，也不能完全懈怠。

　　所以，我现在在给自己定下目标的时候，也会在旁边给自己写好奖励机制。我会在做一件事之前，在心里对自己说：加把劲儿，今年下半年努力认真把目标实现，明年年初就给你放假，让你出去玩一趟。

　　这种"学的时候认真学，玩的时候用力玩"的机制，对我很奏效。在这种机制下，我很少再出现大块时间不想努力生活的感觉了。

**4.**

我以前很努力地生活学习，是因为我很想成为一个很聪明的人，想让别人觉得我很聪明，就像呼兰一样，一看就觉得这个人很厉害很聪明。

但是后来，可能虚荣心满足了吧，每天依旧会努力，会想好好做好一件事，仅仅因为，我想过好我这一生。

以前，不会觉得时间过得很快，大学毕业后，才猛地觉得时间过得很快，一不留神一天就过没了，一年也没了。今年过年，我爸开始让我去相亲，我当时好委屈，哇哇大哭，边哭边说着："我是找你们要钱了，还是让你们养我了，为什么你们非要逼着我相亲嫁人，总给我一种你们觉得我是你们的负担的感受，你们就是想把我赶出这个家。"当时我因为其他一些事情绪很不好，甚至还很极端地跟我爸说，"如果你们觉得我是你们的负担，那我明天就走，我再也不回来了，我每个月会给你们打钱，你们也不要再干涉我的生活了。"

虽然事后我爸跟我解释了很多，但也是因为这件事，我突然觉得，好像人生没几年可以耽搁了，我的青春没剩多少了，我要努力赚钱，努力让自己再往上走一个台阶，再努力地去认识一个还不错的男孩。要不然一眨眼，我就到了父母眼中剩女的年纪，很多东西不敢折腾，怕自己再折腾几年就老了，再想安定下来就难了，我自己都会觉得生活没安全感；更可怕的是，如果不努力找一个自己喜欢的人，不努力过上自己喜欢的生活，等年龄再大些可能就会在择偶、婚姻等方面陷入被动。

　　也就是那一晚上吧，我突然长大了，突然觉得我不能再这么混混沌沌过下去了，我再不努力，不趁早把生活折腾成想要的样子，往后的人生或许就被生活追赶着往前走了。

　　人生好像就是这样的，从最开始你不知道为什么要努力，到你羡慕别人，你要过上别人那样的人生，或者是你要替父母争气而努力，到最后你终于会明白，我们努力其实也没有那么高尚的目标，仅仅是为了自己，为了让自己的生活多点余地，为了让自己不活得那么局促不安。

　　因为我真的不想因为自己没有好好努力，没有充分利用好现在的每一分每一秒，有一天不得不嫁给一个我觉得很凑合的人，去很凑合地过一生。

　　24 岁之后，我才发现，听爸妈的话，不一定能让你过好这一辈子，小时候你眼中无所不能的父母，也不能给你你想要的东西，他们也会老，也会有无能为力的时刻。所以，你想要过的生活，你想要嫁的人，你想要的未来，都只能你自己去争取。

　　这就是我们要努力的意义。

# 所谓理想生活，永远是别人在过的生活

1.

作为一个从小在"别人家孩子"的阴影下长大的人，这个问题我有很多话要说。

我有一个堂姐，比我大两岁，但我小时候上学早，所以直到大学前，我们一直在同一所学校的同一个年级读书。

尤记得那些年，我妈在我耳边说的话：

"你看别人多么懂事，放学回来还帮她妈妈分担家务……"

"你看别人的爸爸妈妈没能力辅导她学习，但人家考试成绩都比家里有专人帮忙辅导的你好。"

"你看人家字写得多好看。"

"你看人家放学回来主动做作业，哪像你，天天非得被督促着写作业，还一脸的心不甘情不愿。"

"你看人家性格多好，哪像你动不动在家里任性、不听话。"

可能当时年纪小，没有太多分辨能力，最开始听这些话没觉得我妈说得不对，甚至隐隐觉得我妈说的是对的，那会儿只是单纯觉得这些话听着很烦。

长大后才明白，我妈的这种教育方法，属于他人给的消极心理暗示，对孩子的成长来说影响很恶劣，若放到如今，我妈的教育方法是要被教育专家们批评的。

就拿我来说，从小在这种"被比较，还长期处于比较的弱势方"的环境中熏陶成长，唯一学会的就是：眼睛永远放在别人的优点上，并拿来和自己的缺点相比较，且不断地自我贬低，总觉得别人比自己好，以致自卑。

我自卑了很长时间。

小时候，觉得自己比隔壁家堂姐差劲，读书后，觉得班上每个女孩子都比我好，要么长得比我好看，要么比我瘦，要么男生缘比我好，要么成绩比我好，要么比我讨老师喜欢，要么家境比我家的好。

我一度觉得，我是所认识的女生中最差劲的一个，女娲在造我时，肯定就跟学生时代上早上第一节数学课时的我们一样，不停地打着盹。

更可怕的是，这世上，最可怕的不是你爱跟别人比较，而是你只拿自己的缺点跟别人的优点比较，每比较一次，就自我贬低一次。


## 2.

从小被比较着长大的小孩，内心都很敏感，也很懂事，比那些健康长大的小孩更擅长洞悉所谓的人情世故，就算他们有一天长大成人了，再没人会拿着他们跟别人比较，他们也会习惯性跟别人比较着，找到人生的差距。

这种习惯一辈子都丢不掉。

就像我，一直被灌输着"你没别人厉害"，但好在自己个性够刚，没能心安理得地接受这句话，反倒从小培养起自己的好胜欲。

我铆足劲儿地长大，20 岁的时候，就出了我人生的第一本书，销量还算行，算得上小小的畅销了，到现在已经写了好几本书，有的书卖得不错，有的书被台湾地区的出版社买了版权，出成台版书。在一些人眼中，我很厉害。

但丝毫没有做作成分地说，我真的从来不觉得自己厉害。

我的潜意识总觉得，这些都是我该做的，而且相比很多人，我还有很大的进步空间，没什么值得称赞的。

成年世界里的小文不断地跟别人比较着：

18 岁的时候，羡慕那些能实现自己写作梦的人，内心只钦佩那些实现自己梦想的人；

出书后，眼睛放在那些公司大制作、书做得好的作者身上，羡慕着别人，觉得那样才是成功；

赚四位数字的时候，羡慕别人赚五位数字，等赚五位数了，羡慕别人六位数，等赚六位数了，又羡慕别人七位数八位数。

于我来说，这种总忍不住跟别人比较的心理，好处就在于，成人世界里的小文，永远不需要任何人鼓励，或者提醒要上进，她的眼睛永远看向高处，永远热血澎湃，永远有新的追求，有新的想要追求的领域。

但坏处就是，我一度活得太焦虑了，学不会去享受自己当下的生活。

在成年小文的世界里，自己的生活永远是苟且，**所谓的理想生活，永远是别人在过的生活。**

爱比较的人生里，很努力很积极地去生活是真的，一度很痛苦很焦虑也是真的。

原来，不从内心与自己和解，就算努力变得更好，你也会始终觉得自己没别人好，始终会自卑、拧巴。

这也是现在很多人的人生常态。

### 3.

很遗憾的是，我爱跟人比较的习惯，一直没改掉，到现在依旧会对同行某个人取得的一个大进步又羡慕、又受挫、又心里不舒服，但这又不是忌妒，只是善妒。

但比较庆幸的是，最近一两年，**我已经慢慢学会和自己"跟别人比较后的落差感"相处了**。

对我影响最大的一件事是，去年年初的时候，我从小的"假想敌"堂姐结婚了，不久她的宝宝也出生了，家里人说："你看，那谁谁都结婚了，孩子都有了，你到现在也不找个对象。"深知我这辈子的人生进度是赶不上我堂姐了，遂抱着破罐子破摔的心态想：对呀，我就是没她让你们省心，但是总这样呢，我反正就这样了，自己的人生自己瞎过吧，怎么舒服怎么来吧。

我也不大乐意去听那些拿我跟别人比较的话了，干脆建立自己世界的新原则，依旧会忍不住跟人比较，但如何算是获胜的最终解释权在我手里。

或许，生活中有些人就是比你厉害，他们现阶段取得的成就是你一辈子都没办法达到的，那就见贤思齐，学习别人的优点，继续努力。

偶尔搞砸一件事，看着那些站在胜利终点的人，依旧会失落会觉得自己不够好，但看到差距后，依旧会自我调侃：塞翁失马，焉知非福，生活这次给了我一个大巴掌，肯定在这巴掌底下藏着新的武功秘籍，我等好好修炼便可。

看似很损、很阿Q精神胜利法，但这种心理暗示很奏效。

而且，想要活得愉快一点，就不能太正经。偶尔糊涂一点，偶尔自欺欺人一下，都可以。

人生是自己的，自己怎么舒服、怎么能让自己更好地在这个人间谋生，就怎么劝劝自己。

网上很火的一个TED（Technology, Entertainment, Design即技术、娱乐、设计，美国的一家私有非营利机构，该机构以它组织的TED大会著称）里有这么一段话：

"我认识的人中，有人21岁毕业，到27岁才找到工作；有人25岁毕业，但是一毕业就找到工作；有人没上过大学，却在18岁找到了热爱的事业；有人一毕业就找到了一份高薪职业，但他不喜欢自己做的事情；有人16岁找到自己喜欢做的事，却在36岁时改变了想法；有人结婚了，却等了8年10年才要孩子；有人身处一段感情中，爱的却是别人；有人明明相爱，最后却没有走到一起。"

人生中的每一件事，都取决于我们自己的时间安排，你身边有些朋友也许遥遥领先于你，有些朋友也许落后于你，但凡事都有自己的节奏，他们有他们的节奏，你有你的节奏，别总把眼睛放在别人身上。

真正的英雄主义是，在认清生活、认清自己和别人的差距后，依旧能热爱生活，能脚踏实地地努力过好自己的人生。

而且还有一句话很重要，故事的B面，谁都不知道，你羡慕的人，说不定在别的地方，也在偷偷羡慕着你。

不要自轻，也不要自弃，这便是人生胜利的终极秘诀。

# 第三章 那些恋爱教给我的事

# 成年人的恋爱方式

　　十八岁时喜欢一个人，作天作地，有话不好好说，拧巴又别扭，非要对方去猜；那时年纪小，抓着一个小细节就要怀疑对方是不是不喜欢自己，会极度没有安全感；那时的自己在爱情里极度患得患失，会因为一条没被对方及时回复的消息而极度影响情绪，会因为对方说的一句话而难过，感觉天好像塌了；会对未来充满不确定性，哪怕此刻在一起好好的，依旧会止不住一次次想"如果有一天他喜欢上别人怎么办"。

　　十八岁的我们喜欢上一个人，很赤诚，但也很手忙脚乱。

　　那时年少，我们带着百分之百不掺水的真心爱一个人，但也经常爱得不知轻重，要么爱得太卑微，伤了自己，要么爱得太骄傲，伤了对方，伤了感情。

　　十八岁的喜欢的确很饱满，但待慢慢长大，真正以一个大人的姿态爱一个人，也被一个人以大人的方式爱过后，发觉大人的世界未必都不好，比如，大人世界里的恋爱方式，浓烈且稳定得就很让人着迷。

## 1. 我不会再让你猜，我会直接说

年少时喜欢一个人，喜欢让对方去猜。比如，明明看到对方消息了，就是不马上回，非要等一会儿再回，不能表现得太积极，害怕对方知道我们太喜欢他；明明对方让自己心情不好，非憋在心里不说，想对方心有灵犀地直接猜出来，最后委屈的也是自己；明明因为对方跟某个异性走得太近吃醋了，明明对方做的一些事、说的一些话，让我们误以为对方是不是没那么喜欢我们了，但我们就是不肯跟对方讲我们的想法，宁愿在心里默默自我怀疑，默默猜测，甚至是在心里默默疏远这段关系。

也别急着否认，大家都是在爱情里这么长大的。你我都一样。

等长大一点，慢慢活得舒展，就不会再如此谈恋爱了。

*成年人恋爱的方式是，我们有话直接说，我不想委屈了自己，也不想委屈了你。*

在我想你的时候，我会大大方方告诉你"我现在还蛮想你的"，说完这一句还会补一句"我希望你能像我想你一样也想我"；在对方让自己难过时，也会直接说"你今天说的这句话让我有点难过，我不喜欢这样的感受"；在希望和对方建立一种更良性的关系时，也会直接告诉对方我想要的恋爱关系是怎样的。

其实，这些话也没我们想象的那么难说出口，也不必害羞。

比如，男孩跟我表白那天，我直接跟他说："我想要能让彼此都安心的感情，我想要甜甜的爱情，但我更希望爱情是人生的锦上添花，是互相信任，是彼此真诚的，是能给足彼此安全感的，是我真的很喜欢你，你也真的很喜欢我，但这份喜欢不会成为消耗我们人生的存在，这份喜欢不需要占用我们过多不必要的情绪和精力，我希望我们能好好相爱，与此同时也能好好工作、好好生活、好好学习。"

有次闹小情绪，男孩也直接跟我说：如果以后我有哪些做得不够好的地方，希望你直接告诉我，我可以调整一下，不让你那么难过。

> 成年人谈恋爱讲究的是一个舒服的感觉。

我希望在这段感情里，我是舒服的状态的同时，你也是舒服的状态。这份相互舒服的状态，需要沟通，需要我们告诉对方我们想要的舒服，以及去了解对方想要的舒服状态是怎样的。

## 2. 我对你好，我希望你也能对我好

> 我们都喜欢有回应的东西，感情也不例外。

年少时，我们对待感情的态度是酣畅淋漓的，我们爱说"一厢情愿，所以愿赌服输"。甚至很多时候，如果这段感情迟迟没有回应，我们也会选择留在对方身边，只要能一直陪着他（她）就好。那是一种不求回报的喜欢。

但，真正进入成年人社会后，虽然我们也还是会真心喜欢一个

人，但这份真心喜欢里带着点权衡利弊，我们喜欢有结果的东西，我们喜欢有回应的感情。

　　　　*成年人对待爱情的态度是，真诚但也是功利的，是要求回报的。*

　　就像男孩经常给我买很多东西，身边的女孩们还挺羡慕的。但我也从不只享受他对我的这种好，我也会经常给他买一些东西。尤记得，刚相处那阵，每次聊天我都会问他喜欢吃的东西是什么，他说他喜欢吃薯片，说上次我给他带的那个薯片很好吃，于是后来每次去超市或者去便利店，我都会拿一包那个牌子的不同口味的薯片，有些口味线下店里买不到，我还会在网上买回来。

　　等到差不多把这个牌子当年出的所有新口味攒齐，然后一起寄给男孩，还在里面放一张便签写着："一周吃一包，刚好吃到过年，而且因为是不同口味的薯片，所以每一次吃的时候，都是不同的惊喜和期待"。

　　寄快递时，快递大叔看到我寄十来包口味不同的薯片打趣我说"这是寄给男孩子的吧"。我说"嗯"。快递大叔说"那这个男孩子真幸福"。我没跟大叔说的是，男孩对我很好，给了我甜甜的喜欢，我也想给男孩甜甜的喜欢，让他拥有他曾经想要的爱情的模样。最后，收到大礼包的男孩的确很开心。

　　年少时看偶像剧，都是一方绝对宠溺另一方，我们都以为这是爱情的模样。

　　但长大后才知道，一个人主动久了，是会累的，男孩子们也不例外。没人愿意自己在一段关系里一直付出，我们都希望能成为被爱的那一方。

成年人的恋爱里，"我对你好"的潜台词，不是让你理直气壮地享受这份好，而是"我希望你也能好好对我"。当然，我好好对你的潜台词，也是这个意思。

### 3. 我们会认认真真谈未来

年轻人谈恋爱，可能更加注重当下的快乐，只要此刻当下彼此喜欢即可。两个懵懂的少年，自己都不知道自己的未来在哪里，又如何跟对方谈论未来，又怎么给对方想要的未来。

但是，成年人谈恋爱不一样，成年人的恋爱得落到现实。

我们看重对方的现在，也看重对方今后的发展。这句话是很现实。但，买个基金，我们都需要预测一下它未来的发展趋势，更何况是入恋爱股呢，考虑一下发展前景也是应该的。这一点很现实，也很重要。

我们会跟对方讲自己的人生规划，也需要了解对方的人生规划，遇到有分歧的地方，也会商量着能不能为了我们彼此的未来互相调整一下。当然，这份"调整"背后也肯定是有自己的底线的，不能一方完全为另一方放弃什么。但在爱情中，也要学会某些时刻的偶尔妥协。

我们会把对方规划进自己的未来，不仅只是畅想自己未来生活里有对方，在切实行动里，也会为两个人长久在一起而努力。就像我们印象中的大人那样，谈一场大人们的恋爱。

　　成年人谈恋爱，是奔着喜欢去的，也是奔着结婚去的。

"奔着结婚谈恋爱"，这句话听起来有点俗，但也挺浪漫的。
之前听过一句话：成年人找的不是对象，是人生合作伙伴。
当时会觉得这句话很现实，但现在觉得，这话说得还挺对。

　　成年人谈恋爱的实质，就是为自己找一个靠谱的人生合作伙
伴，他要情绪稳定，要成熟，要有责任有担当，要够聪明，要有能
力，要在未来漫长的人生路上，如果真碰上变数，也能支撑彼此一
起度过。

我们用不同的方式爱着一个人，只为了换取同一个美好的结果。
成年人的恋爱方式是多样的，但多样形式的底层逻辑只一条：
　　形式可以不一样，只要结果是好的就行。
　　祝你爱得干脆且热烈、理性却浪漫、功利但真诚。

# 没有结果也许是最好的结果

1.

我一度搞不明白，18 岁的我，长得不好看，成绩不好，衣品也差劲，却能被人很认真地喜欢，但为什么 25 岁的我，按照我想要的"更好的自己"在长，却再也遇不到那样的喜欢。

或许鸡汤文里说的那句"变得更好，你才值得被喜欢"就是一句屁话，因为有时候你变得更好了，却发现喜欢你的人更少了。这句话适用于感情，也适用于生活和工作。

被人喜欢这件事，真的很妙，有的人，喜欢柔弱一点的你，你笨一点，蠢萌一点，他会觉得你很可爱；但有的人，只喜欢厉害的你，他像严格要求自己一样，要求另一半也一定要很厉害，稍差一点也不行。

不能说哪种爱情观更高级，喜欢是无法进行高低分类的，只是跟第一类男生相处，你会稍微轻松一点，他会帮你一起进步。跟后者相处，你也会进步，只是会被放置到一种紧张的关系中，逼自己前进，毕竟前面等着你的是，要么死命追上他的步伐，要么走散。

这两种男生，我都碰到过。

但我很庆幸的是，在我最自卑的时候，遇到的是前面那种男孩。


## 2.

在我找到自己的写作梦想之前，我就是一个很不起眼的女孩。

之前在网上看到过一段话：

每个班上都有一个唱歌很好听的、有一个学习很好的、有一个老师很喜欢的、有一个每次大扫除很高兴的、有一个上课回答问题很积极的、有一个最调皮的、有一个长得很好看的男生或女生、有一个被很多人追的、有一个跟异性玩得特别好的，还有几对偷偷谈恋爱的。

发出这段话的博主，在这段话前面还配了一句话"是我们"，底下的留言很热闹，大家纷纷认领着身份，但当我看到这段话的时候，我没觉得多有共鸣，反倒觉得有点悲凉，因为以上这么多身份，没有一个属于我。

在学生时代，我是一个很没个人特点，很容易被忽略的存在。

我的成绩，不好也不坏，没好到老师关注喜欢的程度，也没差到需要老师亲自来批评找我谈话的地步，所以我曾一度还蛮羡慕那些被老师叫到教室外面，单独说话的学生。

我长得不算好，为人低调，也不爱争风头，做什么都不积极，也不被动，反正永远不是跑在最前面的那一个，也不是最后面的一个。

我前学生时代的唯一高光时刻就是，高考那年，我语文考了

131 分，全市第一名。我到现在还记得，当时去学校填志愿，所有高三年级组老师看了我，都会说一句："你就是那个语文考了 131 分的文长长？真厉害！"

但我有严重的偏科情结，我文综三门三百分的卷子，考的分数也只比我语文高几分，总分差二本线几分。我家里人想着"反正你读书比同龄人早，年龄还小，那就复读一年吧"。

于是，我就顶着全市高考语文第一名的帽子，开始了我的补习生活，也是在那里认识的他。不同于我这种分数没得挑只能来复读，他已经被一所 211 大学录取，但他预期的自己不止那个样子，所以选择再来学一年。

因为他各方面实在太优秀了，就像 A 一样，是老师心中给予一个学生最好的评价，也是我们心中最想要的评分，A 永远站在 26 个字母的最前面，第一眼就能被看到，所以在这篇文章里叫他 A 吧。

### 3.

A 就是 A，走到哪里都是 A，不仅学习成绩好，还为人谦逊，写得一手很漂亮的字，唱歌很好听。之前，他是学校的名人，现在，他依旧是大家眼睛都盯着的人。

所以，我一度很搞不懂，那么优秀的 A，为什么会关注到我这个"UVWXYZ"，我记得很清楚，他跟我说的第一句话是，"我在班主任那里看到，你高考语文考了 131 分，好厉害啊"。我客气地笑了笑，说了句"恰巧运气好，试卷做得顺手"。

后来想了想，可能是我的 131 分吸引到了他，也许他之前遇到过很多长得很好看、数学很强、英语说得很好听、成绩很好的女孩，但我肯定是他认识的第一个语文考了 131 分的女孩，他觉得很新奇。

我那时候还蛮活泼的，头发不算长，刚好扎成一个马尾，虽然有点微胖，但蛮爱笑的，自我定位一下，应该在他眼中算一个很阳光很可爱的女孩。

很多时候，当一个人喜欢上你的时候，其实你是能感觉到的，虽然在我人生前 17 年，我没有谈过恋爱，但在跟他短暂接触过几次后，我就能明显地感觉到，这个男孩好像喜欢我。

比如，下课了，他会主动来跟我说话，来问我老师讲的听懂了吗；每次我跟朋友讲话，他看到了都会假装很无意地加入我们的对话；每次下完晚自习，我跟朋友一起磨叽半天才出教室门，每次都很巧地碰到他也刚好出教室门，然后我们一起顺路，边走边说话。

年少时，喜欢一个人，也不会考虑那么多，我不会去想他是 A，我配得上他吗，我也不会去想，也不会考虑我俩走得太近，会面对怎样的议论，当时就觉得我们俩一起相处挺开心的，就在一起继续玩儿。

少男少女们的喜欢，真的很简单。


## 4.

在认识 A 之前，我从没发现有一个男生和我的爱好这么像。

我喜欢看各类书，当时尤其迷一本杂志，基本上这个杂志出的每一期我都买，虽然现在我怎么想，怎么查找，都记不起那本媲美《疯狂阅读》的杂志的名字。但很巧的是，当时他也很喜欢那本杂志，那个杂志他也每期会买，那些曾经看过的旧期杂志，他家里也放了一箱。

那个年代，男孩女孩们都喜欢张杰、周杰伦、陈奕迅，但那时我还不喜欢周杰伦，我只喜欢苏打绿，尤其迷吴青峰迷得不行，很巧，他也很喜欢苏打绿，喜欢吴青峰的理由和我很像——"因为他很有才华，他的歌有种小清新的感觉"。那时"小清新"这个词还没泛滥。

我聊的话题，他都能接住。他说起的话题，我也能插几句嘴。

他知道我的文综不好，每次月考完，他就跑来我的座位前，帮我检查我哪些题目做错了，然后跟我讲题，他会很认真地教我怎么学英语，怎么学文综。

他会在圣诞节的时候，给我准备一张贺卡，偷偷放在我的课桌里，很认真地祝我圣诞快乐，虽然那个时候贺卡早已经不流行，但这种仪式感让我好感动。

在班级元旦晚会的时候，班长和他分发着用班费给我们买的橘子和瓜子，每个人课桌上都是橘子和瓜子，但是到我座位前的时候，他从另一个袋子里给我拿出一个他给我准备的很大很大的棒棒糖和巧克力。还有，大家都说分到我们这边的零食比别人那里更多。

在班主任感觉我俩的"友谊"好像有点过线，在班上进行了一场不点名但其实大家都知道说的是我们的"早恋"教育。当时班主任用了一句很有趣的话：你们现在还年轻，不要因为一棵树，放弃了一整片森林。

他劝我们说，以后读大学会遇到更优秀、更值得成为你另一半的人。当时觉得老班这句话说得可真对，现在想来，其实也不对，我们读大学、读研究生、出国留学，越往上走，的确越能遇到更优秀的人，但这也并不意味着，你一定会遇到更好的另一半。当然这是后话了。

在老班对我们进行了这么一场"教育"之后，不知道 A 是怕我动摇了，还是想我们再统一一下战线，他给我写了一封信，也可以说是情书吧。

在这封信里，他第一次很直接地说了对我的欣赏，还鼓励我，希望我们一起努力，以后也能一直这个样子。信的最后，他给我留了一个方程不等式组的题目，解出来的结果是 X 大于等于 13，小于等于 14，这应该就是学霸的浪漫吧。

我忘了我有没有写回信，但那段日子我真的很开心。

虽然是复读，压力很大，作业很多，考试很多，每次出成绩的日子很让人崩溃，但那段时间，我们没有觉得学习很痛苦。这多余的一年很浪费，我们是真的很开心地在一起学习、一起进步。

## 5.

当然，学生时代朦胧的喜欢也从来不容易。

当我从一个不被人关注的女孩，一下子变成被 A 喜欢的女孩后，所有放在 A 身上的关注，也都挪到了我身上。

有人跟我说，她跟 A 同班三年，她从来没看到过 A 对哪个女孩这么好过，你应该是这么多年来 A 很认真对待的第一个女孩，你是怎么做到的。还有人干脆用了"勾搭"这个词，他们问我怎么勾搭的他。

有人开始盯着我说，她长得也不好看，成绩也不好，除了说话声音嗲嗲的，也没什么优点，A 为什么会看上她？

有人故意为难我，故意在女生群中孤立我。

那时候，我还没现在这般勇敢无敌，我不敢在她们议论我的时候，大胆干脆地用眼睛盯着她们，恶狠狠地说一句"你们好好说话"，尽管我知道她们说的都是错的，但我还是很难过。

难过，却也没有保护自己的勇气。

A 看到我很难过，他去跟老师说了情况，希望老师给我换一个位置，但女生之间的矛盾从来不会这么容易就解决，很多事，往往你越解释，越黑。

老师并没给我换位置，这件事还被那几个女同学知道了，她们把我当成告密者，变本加厉地孤立我，议论我。最后老师找我谈话，没有安慰我，没有帮助我，只是因为那几个女生成绩比我好一点。老师跟我说：你应该从自身找问题，我觉得你太有棱角了，总有一天我要把你磨圆。

也是从那个时候起，我开始明白，可能这一辈子，没有人能够来拯救我，除了我自己。也是从那个时候起，我知道自己不适合群居，我无法像别人一样，跟所有的女生搞好关系，我没办法拥有很多很多的女性朋友。

但我当时还不太明白，"人这一辈子，不需要被所有人喜欢"这件事，我为同学孤立我、为老师不能帮我而难过。即便后来，A 站出来跟我说："不管别人怎么说你，别人怎么认为你，在我心中，你就是你，我永远会站在你这边。"

这句话也没能安慰到为破碎的女生情谊难过的我。

甚至，在校园冷暴力最严重的时候，我崩溃地把 A 推开了，我把我受到的所有的冷落、议论、闲言碎语，都归结到他身上，我偏执地认为都是因为他最开始跟老师讲我的难过，我才会被当成告密者，被冷落。

在 17 岁的小文的世界里，他的好心，被她当成了负担。

　　青春故事总是美好的，我们赤诚天真地爱着一个人，但也正因
为这份青涩，这份手忙脚乱，我们也曾伤害过那个很爱我们的人。

## 6.

后面的故事就很简单了，即便在同一间教室上课，我和 A 联
系也少了。

他不会再主动来找我，也不会再跟我讲题。我也没那么活泼
了，学会了收敛，明白了低调的好处。

六一儿童节那天，他在我课桌里放了一瓶酸奶，虽然没留名，
但我知道是他。

高考前三天，学校放假了，我们几个玩得还不错的朋友，背着
家长和老师，一起去 KTV 唱了几个小时的歌，当时他也去了，结
束时快十一点了，班上几个男生一起送女生们回家，所以，他也算
是学生时代送我回过家的男生了。

紧接着就是高考。出成绩那天，他不在家，没来拿成绩单，他
妈妈来拿的，他考得还行，我们没有见最后一面。

填志愿的时候，我们在 qq 上联系过几回，他给过我一些比较
中肯的建议；大学开学不久，偶尔我们还会聊几句，虽然大学在同
一座城市，但从没约着说一起见面聊聊，也从没碰到过对方。

　　后来，没有任何征兆，也没有大吵，没有闹过很大的矛盾，
我和 A 就自然而然断了联系。

我也认真想过，为什么最后会这样，哪怕大吵一次，然后彻底翻脸，这样的结局也是好的啊，至少再想到对方，能很清楚地知道，我们是为什么疏远的。

那一年，我经历了整个少女时代的高光时刻，然后被孤立，紧接着高考，紧接着读大学，那是我性格变化最大的一年，也是我被逼成熟最快的一年。

## 7.

我很感谢那一年的经历，让我发现了自己的优点，也让我彻底开始成为一个很"独"的人。到了大学之后，我一个人去图书馆，一个人学习，我对人与人之间矛盾又亲密的关系很好奇，我观察着人和事，我发现我对文字对生活很敏感，于是我开始写作，后来正式成为一名写作者。

虽然，我们淡了联系。但就像全天下所有的同学一样，即使毕业后就成了路人，可偶尔真的有事需要联系，也是能说上话的。

A 是学法律的，后面又去念了知识产权相关专业的研究生，我所在的文字行业，总会碰到需要知识产权法知识的时候。前两年，我碰到一件不算大、但有点棘手的事，考虑了很久，我给他打了电话。

时隔五年，再次联系，俩人已很生疏，我们客套又陌生地对话着，我讲着我这边碰到的问题，他给我专业的分析和建议，紧接着我客气地道谢，他客气地说着"你客气了"，仅此而已。

挂电话后，我想了很久，可能我们真的隔了好久没联系，久到不想开口问一句"我们为什么后来没联系了"。算了吧，那么久远的事，早该忘了，大家也都有新的生活了，何必再提往事。

　　*原本以为，有些误会，就算当时不说清，以后也是能解开的，但我们都忽视了时间的作用。有些话，过了说的时机，你就再也没机会说了。听者有意，说者也有心的机会，真的不多。*

## 8.

　　有次跟朋友喝大酒，俩人都喝多了，我晕乎乎地跟她讲完我和A的整个故事，这是我第一次完整地跟别人讲起A，朋友也喝多了，听完故事，只反复跟我说一句话：你对他心怀愧疚，你会补偿他的。

　　我笑而不语，其实整个故事，我没说出口、隐藏的部分是：

　　那次知识产权事件，我并不一定是要找他的，我有熟悉且专业的律师。只是这么多年，我在社会上摸爬滚打，我从大三开始就出来写稿赚钱，因为年轻，也因为没经验，我遇到过很多坑，遇到过很多在我掉进坑里还给我扔石头的人，遇到过算计，遇到过欺骗。当我离开校园，进入社会，才发现当初那个跟我说"不管你遇到什么，我都会站在你身边"的男孩，多么的可贵。

　　那个不领情、一把推开他的我，又是多么的浑蛋和不识好歹。

　　他给了我最真挚的东西，我却像个不懂事的孩子。到现在回想起那一年，我能记起的好像只有他对我的好，我不记得自己为他做过什么，或者我根本没为他做过些什么。我对他心怀感恩，还有愧疚，我想认真地对他说一句抱歉和谢谢。

　　所以，在我真正长大了，恰好遇到一个正当的理由，可以正当地找他，我联系了他，像之前很多次一样，我心安理得地接受着他的帮助，但又不同的是，这一次，我认真地跟他说了谢谢。谢谢这一次，也谢谢之前很多次。

后来，有次去别的城市出差，我认真地给他挑了份礼物，问他要地址，打算寄给他。

我说，上次真的谢谢你了，我恰好出差给你买了份感谢礼物，我寄给你吧，你给我一下地址。

他说，好。

我喜欢这样的结局，至少有个像样的告别仪式。

就算我们真的就此完全消失在彼此的世界里，但至少我在想起他的时候，我不用首先想到的是愧疚了，我替17岁的自己，认真地感谢了那个很美好的男孩，可能这句谢谢等得有点久，但我终于能心安理得地去承认那段很美好也很难忘的青春，我也终于能原谅那个性格拧巴、傲娇、还要面子的自己。

在我整个用乏味无聊做底料的青春时光里，这段过往，是最闪亮、最特别的存在。这本是我成长轨迹中多余的一年，但在这一年，我有了最不一样的青春体验，认识了一个很好的男孩，他是我的少女时代里，第一个认真对待我的男孩，他教会我自信，他让我相信我很值得被爱。

那一年很珍贵，无论当时发生的是好，还是坏，都让我认清了自己，让我成为现在的我。

人生真的没有白走的弯路，每一步都有用，如果事与愿违，真的要相信另有安排。

后来很多次在我遇到很棘手的情况，崩溃得想甩手不干的时候，都会想起那个坚定看着我，跟我说"我会永远站在你这边"的男孩，也会劝自己再坚持一会儿，不要怕。曾认真被他对待过这件事，让后来每次身处绝境的我一度相信，我是值得被爱的，我是值得被生活认真对待的，我也是一个值得生活得美好的女孩。

　　我要做的就是，带着十七岁遇到的那个男孩给的美好，像十七岁的小文一样无所畏惧，就算被所有人不喜欢，也不会让"不喜欢"搞砸成绩，搞砸人生，不管前路等待我的是什么，都能勇敢地走下去，自我实现。

　　虽然我们只一起走过人生很短暂的一程，但真的很感谢与你的相遇，让我成为一个更像自己的自己，让我相信我也值得被爱。谢谢你，成为我勇气的一部分。

　　有些感情，不一定有结果，也许这就是最好的结果。

# 那个永远不会长大的少年

**1.**

以前总听别人说一句话，不管多么成熟，男孩子内心都住着一个小男孩。

很长一段时间，我对这句话是完全不相信的，这句话怎么看都是男人们为自己偶尔犯傻的瞬间，找的一个比较可爱的理由。

就像我每次吃饭前拍照，遇上我姐夫鄙视的眼神，我理直气壮说的那句"哪个女孩子不喜欢矫揉造作地摆拍几张啊"一样，我们刚好从博大精深的中华文化中，挑出一句合适的话，为自己暂时不被理解的一个行为做了一个合理的辩解。

直到前不久，我哥从武汉开车回老家玩，在我再三要求甚至哀求下，他答应把我捎上。一路穿过玉米地，路过向日葵地，曲曲弯弯来到一个路口，把车停在路边，然后四男一女，深一脚浅一脚地走在杂草丛生的田间小道上。紧接着，就是熟悉的配方，又是带我去捉鱼，又是带我去摘桃，又是带我去摘莲蓬。

一路上，我一边不耐烦地大喊着，"哥，我的腿被什么虫子咬的都是包""哥，什么时候回去啊"，一边又是迫切地说着，"哥，那边，那边还有个大莲蓬，给我摘过来"。十几岁时那个贪心又怕累的女孩，一点也没变。

回家的车上，看着我腿上一腿的包，想起我小时候去我舅妈家过暑假，每天跟我哥在外面到处跑，也是经常一身伤地回家。

看着正开着车，将近 30 岁的大男孩，跟着此刻车里正播放的张学友的歌哼着，竟有那么一刻恍惚地觉得，我们好像都回到了15 岁。

原来，男孩真的是不会变老的。


## 2.

关于童年的记忆，我记得不太多了。

除了每天被我爸督促着写作业，有时趁我爸出门，赶紧溜到房间看电视，以此换来一丁点儿乐趣，我所剩不多的童年记忆都跟我哥有关。

我哥比我大 5 岁，是我舅妈的儿子，他什么都不好，一点也没哥哥的样子。

那会儿家里经常买梨和苹果吃，每次看到梨，他都会很手快地把最大的那个挑走，一边在我面前嘚瑟，一边看着我鬼哭狼嚎，各种跟他抢，但就偏偏不给我。我从小也不是省油的灯，虽然我年龄小，力气没我哥大，但我懂得充分借助他人的力量，为了得到我想要的东西，我会搬出各种救兵帮我，在我感觉他肯定要屈于大人的压力，给我梨时，他总能当着我的面，故意一大口咬下去，宣示主权，惹得我一顿大哭。

我每次去外婆家，第一个进的都不是外婆家的门，而且直接噔噔噔跑到他家，我还每次都是人未到声音已经到了，还没到他门口都会大声嚷着"哥哥，哥哥，我来了"，他每次听到我来了，故意把门反锁着，不让我进他房间，然后我在房门外，各种号各种叫，还有各种求，譬如"我的好哥哥，你快把门打开"，所以在我哥的培养下，我从小就养成了卖乖、说漂亮话的"谄媚"习惯。

还有，我哥小时候总是欺负我，小时候我长得胖，肉嘟嘟的，每次我手欠动了我哥的东西，或者偷听到我哥的秘密，人小鬼大地威胁我哥，"你小心我告诉舅妈"，我哥就掐我胳膊，我当时也不会哭，只觉得好玩。但每次从外婆家回去，过后几天，身上总是会青一块紫一块，这一度成为我爸的未解之谜，我也没去哪里磕着碰着了，怎么身上一直有伤痕，我爸还准备带我去医院检查。最后有次聊天中，我无意间说起，哥哥总是掐我，才算"破案"。

尽管这样，我依旧很喜欢跟我哥玩。就算他总是欺负我，总是不带我玩，总是吓我。

我后来想了想原因，可能比起那些把我当作小孩，会哄着我，凡事迁就我的大人，我哥是唯一一个会把我当成"大人"对待的人。

跟他待在一块，我是平等的，那种平等感就像，两个独立的大人在一起相处，你知道我不会让着你，你也不用让着我，我们平等地在一起玩，靠个人真本事决定谁比较厉害。

## 3.

在我十来岁的时候，我总觉得自己的童年生活真是寡淡无味，没有太多和同龄小伙伴们一起玩的经历；但等我再长大一点，现在再回忆，发现我童年生活留下的每一帧记忆，都可以用来写小说。

记得很小的时候，我哥带我去捉鱼，他去池塘里摸鱼，我就站在岸边看他摸鱼，他摸到一条鱼，我比他还开心，激动地大叫着，他看我很开心，又在那嘚瑟地说着"啊呀别叫了，吵死了，我的鱼都要被你吵跑了"。

有次摸完鱼，我哥带我走池塘边的小田埂，那时我六七岁吧，我哥在前面走，我在后面走，然后一不留神，我一脚踩空掉进池塘里，我哥听到"咚"的一声，赶紧回头很迅速地，一把把我从水里拉起来。

我哥也怕，不敢让我直接湿淋淋地回家，就让我站在夏天十二点的太阳下，把自己晒干了再回去，我一边晒太阳，他一边威胁着我说"不准回家跟你妈说你掉进池塘里了，不然我再也不带你出来玩了"。

我很守信用的，回家没对我妈说半个字。到现在也没对任何人说过这件事。

童年的事情，我真的记得不太多了，印象深刻的还有两件事。一件是五岁的时候，我爸用自行车带我，那时还不流行儿童座椅，但当时的自行车后座上可以绑一个专门给小孩子坐的小椅子，类似现在的儿童座椅。我就坐在上面，然后睡着了，一不小心，脚没有离车轮远点儿，一只脚绞进了自行车车轮，我疼醒了哇哇大叫我爸才知道。还有一件事，就是我哥哥把我从池塘里拉起来了。

在某种程度上来说，我哥是我的救命恩人，从另一个角度来说，他也是害我落水的人。

小孩子一路长大，本就不是一件容易的事，而我很庆幸的是，我每次都能逢凶化吉，还因为疼痛，留下这么深刻且美好的记忆。

### 4.

当然，我和我哥之间能写进小说的故事，也不只这一件。

小时候，我哥带我去偷他隔壁二婶家的毛桃，他爬到树上，摇树，让我站在下面捡，除了掉下来一堆痒人的桃毛，一个桃都没掉下来。然后我哥改变策略，他摘一个，往地上给我扔一个，我捡起来。那时我们都没带袋子，我问我哥怎么办，他给我出了个损招儿：你裙子那么长，把它兜起来放桃不就行了。

还好小小年纪我妈就给我穿了安全裤，于是我就真的听我哥说的，用我的裙子兜了半兜桃回家，然后身上起了一大片红疹子。

还有，我哥家旁边池塘长着很茂盛的荷花，是别人种的，我哥带我去摘莲蓬，让我蹲在树底下。小小的我刚好能被草遮住，我给他放风，他就去底下摘别人的莲蓬。摘完莲蓬回家的路上，他还一直跟我说，你舅妈问谁摘的，你就说是你非要吃，非让我摘的。听到没。我也照做，反正类似的锅，我帮我哥背了很多个。

我读小学的时候，我哥读初中，有阵子我哥迷上了钓鱼，每回周六我去外婆家，我哥都在池塘边钓鱼，我都眼巴巴地站旁边看着，想去摸一下，我哥每次都不让我碰。好不容易有一次我哥心情好，他答应鱼上钩了让我提一次竿，用大人的话来说"难得长大了一回，懂得让着妹妹了"，结果我太激动，力气用得太大，将鱼线扯到树上钩住了。从此，我哥再也不让我钓鱼了。

这也是我印象中最后关于我和我哥童年记忆的一件事。

哥哥初中毕业，就没读书了，他出去工作了；我那会儿读书成绩也很让人难过，虽然我爸经常逼着我学习，但直到我爸有次吃饭跟我聊天说"你们班主任说你的成绩连班上前 20 名都排不到"，小学六年级的我才第一次意识到，原来每天认真上学放学考高分是为了排名的啊。

随着我哥的学生生涯结束，我的童年也结束了。

## 5.

再后来，我读高中，考大学，听说我哥交女朋友了，他又换工作了。还有，每次过年回家，他总会给我带很多好吃的。

那时，我压根儿不懂社会的残酷，不懂成年人的烦恼，不懂我哥坐很久的火车，辗转很多趟才回到家，不懂哥哥的辛苦，只知道说："哇！哥哥真好，给我带了这么多好吃的。"

在我依旧还是个孩子的时候，我哥已经长大了。

再后来，我读了大学，哥哥也回了武汉，开始创业，自己做生意。

六年过去了，他的生意走上正轨，一切越来越好，开始成为别人口中的某某总。

去年某一天，他来我家附近谈完生意，给我微信发了他的定位，开玩笑说让我请他吃饭。其实，那时我已经吃了午饭，但难得收到哥哥的消息，赶紧把我的定位发给他，等他开车过来，请他吃饭。

吃完饭，他送我回家，快到我家楼下的时候，我一直在脑海中想，等会儿下车的时候，跟我哥说什么，"再见""注意安全"，好像这些厚重的话不适合平时除了抢吃的就是互坑对方的我们。

后来，我也的确没把这些话说出口，我说"我走了，你下次再过来的时候记得来找我玩儿",我哥说，"好，你什么时候有空了去我家玩儿，你舅妈在家"。

然后，我哥把车开走了，我也回去了。

有时候我很好奇，别人家的哥哥和妹妹是怎么相处的，是会像我哥一样，从小带我看恐怖片，还有大年初二去他们那拜年，故意把我骗到一棵有很厚雪的树下，然后用脚蹬树，让雪落我一身；还是会像电视里小说里的那种剧情，很友好地相处，真正做到相亲相爱，会互相说着"注意安全"这些厚重且黏糊的话。

说实话，我曾经很希望有一个电视剧中的同款哥哥，他们对自己的妹妹很好，有好吃的好喝的好玩的，都会记得给她们留着，从不欺负她们，妹妹想要什么，哥哥都会让着她们。

年初我们几个兄弟姐妹一起吃饭的时候，服务员端了一盘鸭，刚放上桌，我哥第一个起身，把鸭腿夹起，说"这只鸭腿是文长长的，你们谁都别跟她抢"，一桌上还坐着两个比我小的表弟，还有几个小侄，无论是年龄，还是辈分，我都不是最该被照顾的那一个，莫名被我哥哥弄得心头一暖。

记得当时还因为这件事，特地在微博上写了篇 500 字的小作文。

原来，随着慢慢长大，我哥有一天也会变成理想中的哥哥。

成长的魔力在于，它会慢慢把我们都变成理想中的样子，也会慢慢把对方变成我们想象中的样子。我们都会在成长中变成更好的自己。

虽然如此，我也希望，我的哥哥依旧能如 15 岁那样横冲直撞，不要变得客气，不要变得世俗，就如当初会因为我把他的鱼竿弄坏责怪我，会跟我抢最大的梨吃，会把雪弄我一脖子。

他只需要有一点点温暖就行，就好像当初在卖冰棍的来了的时候，他拿出攒下的一块钱，买两根椰岛冰棍，给我一根。

我希望有一个成熟的哥哥，但我不想要一个被世俗淹没，对我越来越客气，但我们却越走越远的哥哥。我还是很喜欢小时候那个对我很坏经常惹我哭的哥哥。

## 6.

我写了很多人的故事，我羡慕他们的成功，钦佩他们的努力，佩服他们的聪明，但我从来没写过我哥哥的故事，没在文章里夸过他任何一句。

他本身很厉害，一个小城市的少年，靠自己的努力，在大城市站稳了脚跟，生意越做越好，钱也越赚越多。

形容一个人厉害，看似只需要十几个字，但这十几个字背后，承受了什么看客永远不知道。

但我不想夸他，因为就像我私底下也很努力，但我自己从不会觉得自己很辛苦，从不觉得自己付出很多一样，我觉得这是我自己该做的。我拿着我对自己的要求，也要求着他。我相信努力的力量，也相信我们做的这些，都只是前往那条路该做的事，做下去就行了。

就像十几年前，那个偷桃的男孩和女孩，为了摘到桃子，男孩爬到树上，为了兜回桃子，女孩舍弃自己的衣服都愿意。

我们都不会觉得，为了摘桃，自己损失了多少，辛苦不辛苦，我们只记得，摘到想要的桃真的很开心。

希望我们在面临麻烦时，永远能找到解决办法，不管怎么样，也一定要找到解决办法。就这样一直活下去。

像个少年一样，不计较付出，只为收获开心。

少年，是不会变老的。

## 那些恋爱教给我的事

很长一段时间，我坚信的恋爱观是顺其自然。如果一男一女真的合拍，那么不需要他们特意做点什么，他们总会在一起的。

我笃信着"缘分来了，不需要你做些什么，你挡都挡不住的"。

但等我后来真正开始一段恋爱，回看我们从陌生到熟悉到亲密的整个过程，才发觉：谈恋爱原本不是一件毫不费力的事，恰恰相反，恋爱是一件耗心思耗精力的事。

很长一段时间，我们都爱说，好的关系是相处不累的，我们都希望自己不用做出点什么努力，就能轻轻松松获得想要的关系，都能爱上想要爱的人。我们都以为这种舒服但不累的关系，就是最好的关系。

但，谈恋爱后，才发现恋爱是一件需要两个人一起努力的事。

更重要的是，**需要努力的关系，也未必就是不好的**。

这世上并不存在轻松可获得，且有价值的关系。这句话适用于爱情，也适用于一切人际关系。

## 1. 谈恋爱是一件需要你走出舒适圈的事

男友说，他第一次约我吃饭，内心做了很大的思想斗争。他说，他怕跟我说了要来找我，我会拒绝，他心里也不喜欢被拒绝的感觉，纠结很久后，他才试探地给我发出那句"那要不我等会儿来找你"。

他说，他都做好会被我拒绝的准备了，结果没想到我还蛮肯定地跟他说"好啊，那你来吧"。

故事 B 面，我没告诉他的是，收到他消息那刻，我也是迟疑了片刻，也纠结过是答应还是拒绝他。毕竟，去单独见一个有点好感但很陌生的男孩，也需要勇气。我也顾虑见面后会不会尴尬，会不会没话说，会不会彼此感觉并不愉快。

我以前是一个在社交上很懒的人，任何没有提前跟我约好时间，没有提前给我预留心理建设时间、临时找我见面的人，我都会直接拒绝。但那一次，在纠结犹豫片刻，在想到接下来几个小时我可能需要走出舒适圈，去见一个我不太熟悉的人，去做一件我不太知道结果的事后，我还是假装淡定地跟他说"好啊，那你来吧"。

但，也得亏那一次我俩彼此的勇敢，让坚定战胜不确定性，才有了后面的故事。

任何一段从零到一的感情，在从零迈入一那一步时，都需要我们去做些以前没那么熟悉的事。我们需要重新开始了解眼前这个还不怎么熟悉的人，需要互相试探，需要在不知道结果的情况下，还是愿意试着把心交给对方，需要习惯在生活里重新纳入一个人，需要将你原本留给自己的时间预留一部分给对方，需要在对方身上花心思，需要通过用心了解去知道对方的喜好，需要在一次次相处中互相磨合。

第一次见面，第一次牵手，第一次拥抱，第一次亲吻，第一次爱眼前这个人，这些感受都是陌生的，是需要你和对方配合，一关关解锁的。这过程中有新奇，也会有些不习惯，但所有的情绪加起来，无论是好还是坏，都是你和眼前这个人爱情的样子。

　　世上的爱情本是相似的，不一样的是正相爱的这两个人的爱情模式和他们对待他们这份爱情的态度。

## 2. 谈恋爱是一件需要认真经营的事

以前总听说感情需要经营，但说实话我之前并不太清楚感情的经营具体指的是什么，总感觉"经营"这个词很高级。

此刻我才慢慢明白，感情里的"经营"没我们想象里的那么高冷。

　　文艺的说法，"经营"是好好珍惜对方，珍惜这段感情。
　　理性的说法，"经营"是相爱的两个人一起制定你们的相处规则。

这世上真的不存在"完全合拍"的感情。

一段感情中，无论是秀恩爱夸另一半体贴好的那一方，还是被秀恩爱的那一方，我们羡慕的爱情背后，都是两个相爱之人互相努力的结果。可能有时秀恩爱的那一方，在秀恩爱的时候不会讲自己为这段爱情付出了什么，他们更多强调另一半的体贴，但我们也要看到他们的付出。

　　　　一段良性且持久的感情里，不存在哪一方完全坐享其成，也不可能有哪一方一直单方面付出。一个彼此都喜欢的爱情模式，肯定是两个人一起完成的。

　　像我和男朋友最初相处时，有次我们聊天在开玩笑，我故意说"我要生气了哦"，男友也开玩笑说"所以，你要直接挂我电话吗？"。我很认真地跟他说"任何时候，不管我再生气再闹情绪，我都不会无缘无故直接挂你电话，你也不可以不说一句就直接挂我电话，因为这种坏习惯一旦开始了第一次，就会有第二次第三次……很多次，我不希望我们之间有这么糟糕的相处模式，最好一次也不要"。他很认真地说"好"。

　　还没在一起谈恋爱时，男孩有天晚上跟我打电话，第二天晚上我主动给他打了一个电话，第三天他又跟我打了个电话。第三天打电话时，我开玩笑问男孩"为什么今天又跟我打电话了"。男孩说"既然我们前面两天晚上都在打电话，已经有这么个规律了，那我们把它养成习惯吧"。我说"那你最好记住你说的话哦，我很容易当真的"。他说"只要你能坚持，那我肯定没问题的"。

　　所以现在每天晚上，不管对方忙不忙，都会尽可能抽出时间跟对方说会儿话，还有好几次他忙着赶材料，我忙着写东西，我们还是准时给对方打电话，只是彼此很默契，也不会非拉着对方跟自己聊天，而是听着对方敲键盘的声音，忙着各自的事，偶尔空闲了就聊几句，聊完又各自忙自己的。

谈恋爱以后，我不止一次发自内心地感觉我们之间的相处模式很舒服，但我不再会把我们舒服的相处模式全归结为"他足够好""我足够好"，又或者归结为"我们足够合适"，虽然我知道这一切也离不开他刚好的"很好"，也离不开我刚好的"贴心"，但我还是更愿意说：我们的相处模式足够舒服，更多是因为我们彼此努力，是因为我们彼此珍惜眼前这个人，也是因为我们足够珍惜这段感情。

## 3. 谈恋爱是一件如何应对"甜蜜"和"心碎"的事

与喜欢的人谈恋爱，在某种程度上也像我们跟自己的朋友、自己的家人相处，这期间会有很多很甜蜜很美好的瞬间，但也不可避免地会有一些争吵和一些难过。

提起恋爱，大多数人想到的就是"甜甜的恋爱"，在很多人的印象或者期待里，总会觉得好的恋爱就是甜甜的，期待的理想恋爱也是甜甜的。

其实这是一个误区。

真实的关系里，不可能也不会永远只存在一种情绪，真实的恋爱关系会有很多很甜蜜的瞬间，也会有一些很心碎的时刻。我们不能说甜一定就是最好的，也不能绝对地说心碎一定不好。在一段感情里，重要的不是"甜蜜"和"心碎"这种情绪本身，而是这段关系中的两个人如何应对这种"甜蜜"和"心碎"。

和我喜欢的男孩相处的过程中，我们有很多很甜的瞬间，但也要承认，偶尔也会有一些让我难过的时刻。尤其是在刚相处时，因为很喜欢他，偶尔会没安全感，跟他闹过一次情绪，那一次真的特别难过。男孩挺好的一点是，他感受到了我的难过，他了解了我想要的关系是怎样的，然后很认真地跟我说"我以后会努力给你安全感"。后来的他也的确是这么做的。

想说的是，**谈恋爱是一个需要动心才能开启的游戏，动心这件事本身就是一件冒险的事**。一旦你尝试把你的心放到另一个人身上，一旦你喜欢上另一个人，你就相当于把自己的部分情绪交给对方了，某些时刻你会无可避免地因为对方做的一些事而开心或难过。

如果爱上的那个人情绪稳定，刚好也足够好，更懂得珍惜你们这份感情，那么你很幸运，在这段感情里你爱的人带给你的甜和安心，是多过难过时刻的。反之，如果你爱上一个没那么成熟的人，那么在你们的感情里，可能惊心动魄的时刻会多于安心的时刻。

　　但在恋爱这场交心游戏中，你总会遇到一些难过时刻的，区别只是程度不同。

要对爱情抱有美好的期待，但也不能太理想主义了。要浪漫，也要现实。

## 4. 谈恋爱是一件需要"妥协"的事

很多人看到"妥协"二字，会觉得不好。

甚至受一些"毒鸡汤"洗脑，很多年轻人会觉得，如果一个人真的喜欢我，那么是不需要我妥协的，他就要接受我做自己，如果他连原本的我的样子都不能接受，还说什么喜欢呢。

也的确，年少时喜欢一个人，我们需要的是对方毫无条件的爱，我们希望对方喜欢我们的优点，我们也希望对方完全喜欢我们的缺点，我们总爱说"如果对方没办法接受我们最糟糕的一面，凭什么喜欢最好的我"；我们希望对方无条件地宠我们，我们不知道也不会去想对方一直为我们付出会不会累，但我们会固执地觉得"如果一个人真的喜欢我们，那么他们一定会愿意为我们做这件事，如果对方不愿意为我们做这件事，那他们就是不够爱我们"；我们不喜欢妥协的关系，任何让我们稍微觉得自己在做妥协，或者需要做出一点让步的关系，都会让我们觉得这样的关系不好，甚至让我们感觉自己吃亏了，这样不好。

这是我们年少时喜欢一个人的样子。

但，现在长大了，对恋爱关系的看法完全变了。

希望喜欢的那个人对我很好，但我不会只去享受他的好，而是看到他的付出，珍惜他的付出，也会对他很好很用心。

我相信每个人身上都是有缺点的，他身上有，我身上也有，但我不会想着去改变他，我也不会希望他爱上我所有的缺点。"缺点"本也不是多么值得炫耀，也不是多么值得被爱的存在，我只希望我们能尊重彼此最原本的样子。如果有一天我们突然有点不太喜欢自己身上的某些样子，那就自己调整一下，如果一直觉得这样挺好，那也没关系，那就这样吧。只要彼此相处的时候，原本很傲娇也有很多小脾气的我，愿意为你收敛一下，偶尔也能低一下头；原本一定要做那件事的你，也能在特别的时刻为我做出一两次小小的让步，不让彼此身上那部分不完美的存在，成为这段感情的阻碍物，这就够了。

> 我不需要完美的爱人，我也没办法成为完美的另一半。我们
> 都刚刚好，这就很好了。

跟男朋友前不久聊到某个话题，男朋友突然说了句：任何一段
感情，都是需要相互妥协的。我大大方方接了一句：我也认可这一
点。虽然男朋友嘴上没说什么，但我能感觉到他在听到我说出这句
话后，有那么一点惊讶，以及惊喜。他肯定在心里暗爽"还好，她
认可这一点"。其实我也在心里暗自庆幸"既然彼此都是聪明人，
都是明事理的成熟人，这就好办了"。

只要对方真的是值得，只要我真的很在意这段关系，我是不介
意在爱情里为对方做出一些让步或妥协的。

而且，在我心里，**重要的不是"妥协"，而是为了让我们这段
关系更好一点，我们都愿意在适当的时候为对方收敛一下，偶尔
也愿意低个头，也愿意偶尔撒娇说一句"我希望你能爱我再多一
点的"**。

如果非得总结一下，用几句话来概括我在恋爱中的收获，那
就是：

> 我终于明白，就像我们做函数题，学 SPSS，甚至学做饭，需
> 要我们付出时间、精力、心思，需要我们很用心、需要我们不断熟
> 能生巧才能学会那样，谈恋爱也不是一件能顺其自然就真的能幸福
> 的事。相爱这件事，很麻烦，很复杂，但也足够美好，值得我们认

真去对待，也需要我们去认真对待。

　　我从来没觉得相爱是一件很容易的事，相爱真的是一件好麻烦的事，但为了那个人，我愿意去尝试接受这份麻烦。虽然我不是一个爱玩挑战类游戏的人，但我愿意和他一起去解锁更麻烦的人生关卡。虽然我是一个怕失败怕搞砸很多事的人，很多时候我还会因为怕搞砸一些事，所以干脆放弃尝试，但因为他，我愿意尝试去做那些会让我害怕的事，我愿意努努力想想办法，让结局再靠近我们都想要的好的那个方向一点。

　　我原本很喜欢这个世界，跟他在一起后，我好像更爱这个世界了。

　　变得更无畏，偶尔也更胆小。

　　或许这就是喜欢。

# 谁说男女之间没有真正的友谊

**1.**

在我读高中的时候，有一部很火的剧《我可能不会爱你》，是林依晨和陈柏霖主演的，那部剧在当时的火热程度，跟现在的《偶像练习生》有得一比。

时至今日，《我可能不会爱你》里提到的一些观点，放到现在的互联网上，也是很热门的话题，比如，程又青提出的"初老症状50条"，放在今天的内容创作行业，估计是一篇爆文了，再比如，整部剧围绕谈的"男女有没有纯洁友情，男女好朋友发展成男女朋友合不合适"，也是现代爱情大课题中很流行的议题。

在某种程度上，《我可能不会爱你》是我们那个青春时代很多人的爱情圣经。

距离《我可能不会爱你》开播已经九年了，九年里，我们真心地爱过一个人，认真地失恋过，有人已经结婚了，娃都好大了，有人还一直单身，我们都在变，但那份青春时光好像一直没变。每次想到《我可能不会爱上你》，就会想到那些年的夏天，抱着西瓜，追着芒果台的偶像剧，幻想自己在现实生活中，也能遇到一个像男主般的白马王子，后来才知道，骑白马的也不一定是王子。

我到如今还记得，九年前，有个女生在看完大结局后，跑来跟我说的一句话，"我觉得你和那谁，就是现实版的程又青和李大仁"。

当然，这句话我是完全不能认同的。

"那谁"这个称呼太暧昧了，我们毕竟不是那种关系，所以还是干脆叫他王同学吧。

## 2.

王同学是目前我还有联系的几个同学里，混得最好的。

大学毕业后，直接进了互联网几大巨头中的一家，他是同批进公司的人里，升职加薪最快的，干了几年发现没多大意思，于是干脆辞职出来创业。

虽然那两年互联网寒冬这种话传得比较多，公司倒了一批又一批，但王同学的公司，好在还顽强地活着，听说他这两年赚得很多。

当有一天从你身边随便拎起一个人——和你都是认识好几年的关系，在完整见证过彼此几年的成长轨迹后，你会发现，人生真的很神奇。

就好比，曾经那个最不屑于稳定，嘴上说着要当女强人，要去大千世界走一遭的女同学，结果大学一毕业就回到家乡小镇，成为一名人民教师，做着一份很稳定的工作。

那个说着我可能会孤独终老的女孩，像个假小子一般，对与爱情相关的话题从来都不感兴趣，却在遇到一个男生后，迅速相爱，迅速结婚，成为我们宿舍最早一个结婚生子的女孩。

还有我，因为父亲是一名很受人尊重的老师，从小到大听到别人对我说过最多的话就是"你以后就跟你爸爸一样当一名老师，多好啊"，甚至在我 20 岁的时候，我自己也觉得，我这辈子肯定会找个很稳定的工作，陪在父母身边，稳定地过一辈子，但谁也没想到，后来的我，满世界跑，去过很多地方，干着一份家里人觉得最折腾最不稳定的工作。

还有，王同学明明读书时最擅长的学科是化学，还曾拿过什么化学奖，却在大学毕业后，跑去了互联网公司工作。

大多数人以为自己可能一辈子只能当个小职员，谁知后来拥有了能称得上事业的东西。

人生真的很奇妙，有的人是计划赶不上变化，做了很多之前不敢想的事，而有的人是很多想做的事没做成，有的人每一步真的就按照自己的人生计划走。人类应该是这个世界上最有潜力、可塑性最强的存在了。

王同学高中的座右铭是"计划赶不上变化"，他的人生轨迹也遵循着这句话，只不过这里的变化是一个褒义词，指更好的发展。


### 3.

我和王同学高一就认识，但也只同学过一年，高二文理分班，我们就不在一个班上了，我们大学也不在一个城市，以及最后工作，我刚去他所在的城市工作，他已经决定辞职，半个月后离开了那座城市，开始了他的创业。

所以，我的朋友们一度也觉得，在这种情况下，我们还能做十年的朋友，真的太不容易了。

大概他很早就看出，我以后会"功成名就"，虽然这四个字我现在一个字都还没实现，我也早就看出他以后会很有出息的，所以像我们这种积极向上，努力往上爬，内心都有小野兽的人，肯定都更愿意跟这样的对方做朋友。

当然，这是功利的说法，文艺的说法就是，人生这趟列车里，有人不断上车，有人不断下车，而刚好我们的目的地都在远方，他能跟上我的脚步，我能跟上他的脚步，我们是能彼此成就的朋友，所以我们就该做朋友。

我不喜欢把友谊说得这么功利，但世间所有能长久维持的关系就是如此直白，想要拥有一段长久的关系，就要让自己努力保持和对方同节奏的步伐。

几年前，我写过一篇文章《我这么努力，就是想跟你做一辈子的朋友》，讲的就是他。我是一个内心有小野兽的人，也是一个很"自命不凡"的人，大学刚开始，跟室友接触不到一周，我就清楚地知道我这辈子跟她们要的不一样，所以，她们在宿舍刷剧淘宝，我就自己默默背着书包去图书馆。

我从来不会拿自己跟她们比，更不会因为自己赚了点钱，在当时那批同龄人中觉得自己还不错，就扬扬自得，我很偏执地永远把眼睛放在比我厉害的人身上，或者说，我会把眼光放在那些在我心里能让我称得上是队友的人身上。

我大三就开始写稿赚钱，但我从来不跟我室友讲我每天做了什么。我也不是一个高调的人，不会做出点什么就急不可耐地发朋友圈炫耀，所以我的很多大学同学，直到我的第一本书正式上市了，才知道，原来我一直在写作。

　　但对王同学不一样，我刚开始写作，有了一点关注度的时候，就会跑去跟他嘚瑟；我拿到第一笔稿费的时候，会跟他"炫耀"；我刚收到出版公司的邀稿消息时，就跑去跟王同学说了。在我心里，他是那个能称得上是队友，值得让我跟他分享秘密的人。

　　他也是很早就开始赚钱了，我记得很清楚，有一次我跟他讲，我上个月赚了多少多少钱的时候，他很认真地跟我说了一句话：

　　"看到你这么努力这么优秀，我也要努力起来，不然以后连朋友都没办法跟你做了。"当然这句话是有开玩笑的成分的。

　　但后来也真的是，我和王同学两个人一直较真儿，不甘落后，但又不同于一般人脑中所想的竞争关系，会忌妒对方，会巴不得对方倒下去，这种情绪在我们的关系里不存在。

　　这么多年来，我每次没干劲儿的时候，跟他打电话，他会鼓励我，会故意刺激我，激起我的斗志，当然我难过的时候，他也会认真地给我建议；偶尔他懈怠的时候，也会来找我聊天，按照他的话来说，每次他丧的时候，看到我干劲儿满满，就很受鼓励，满血复活。

　　总的一句话，能把人生走到这一步的人，肯定没少遇到让你崩溃到喘不过气的事。但是要万劫不复，还是劫后余生，全在你的选择。

　　我们就像镜子里不同性别的自己，有野心，不轻易认输，很勇敢，也很会装，尽管偶尔会有怕的时刻，但就算是藏，也要藏好自己的胆怯，绝不让自己的害怕漏出来一滴，还会脸上笑嘻嘻，假装很不在意，随意地说一句"好呀"。

　　果然两个人能做朋友，也是有原因的。

**4.**

我对自己认识得很清晰。比如，我深知自己性格不是很好，属于外热内冷，表面上看起来跟谁都能聊上几句，情商书上列着的原则我都能知行合一，跟人相处也清楚地知道，该做什么，怎么做会让对方最舒服，让人对自己有好感。我在人际交往这件事上，有一定的天赋。

但我内心是一个很冷漠的人，我对人很挑剔，跟一个人接触最多不过三次，我一定能从对方身上找到让我不喜欢的东西。我没办法跟大多数人，成为那种很交心的关系，甚至有时候别人以为我们很交心，也只是我故意给别人的这种错觉，我也没有办法完全打开自己去接纳别人。

所以，任何一个人，和我相处时间一久，要么觉得我对谁都一个样子，总是一副关我屁事的冷漠样子，丝毫感受不到朋友的"偏爱"，要么我最终失去对他的耐心，连最表面上的情商功课都不想做了。

我有时候挺讨厌自己这副看破人情世故的嘴脸，对此很不屑，却一遍遍去做这种让自己很不屑的事。我很擅长维持一段关系，又能很轻易地把一段关系搞砸，我还很擅长跟人吵架，所以，这些年，我身边仅有的几个很交心认识很多年的朋友，也是经常争吵，但幸运的是，我们都太清楚彼此的德行了，吵了再多次，也一直没抛弃过彼此。

我身边的朋友都是这样来的，要么一次不吵，永远当个表面上的朋友，要么吵一次，吵翻了，老死不相往来，要么一直吵，一直和好，越吵关系越好，越了解彼此，越是分不开。

很奇怪的是，我跟王同学属于第一种，一次没吵，但也是很交心的那种关系。不是因为他是男生，我是女生，我不跟男生吵架，毕竟，我也曾跟一个男生吵到互相指着鼻子骂对方人品有问题。

我和王同学不吵架的主要原因是，跟他相处时，我不是端着的，从来都是有话直接说。

比如，我们大学的时候，他和他朋友一起来我所在的城市玩，我们都在景点打卡拍照，轮到我的时候，我直接跟他说："你想办法把我拍瘦一点。"

他也很直接地说了一句："你把你的腿换个方向站，你就不能把你的小腿肚子瘦一点的那面露出来吗？"

早些年的时候，我还是一个比较自卑的女孩，的确微胖，也害怕别人说我胖，每次拍照都是尽量缩在最后，但跟他在一块，我能很尽情地做自己，直接说"你把我拍瘦一点"，最后拍完，我也能直接跟他讲，你回去想办法把我修瘦一点。

虽然那会儿有很多人跟我说，你俩能做这么久的朋友，肯定偷偷喜欢着对方吧。但在那一刻，我就清楚地知道，我们这辈子只能是很好很好的朋友。

因为，只有好朋友才能这么坦率和肆无忌惮啊。

## 5.

我刚去深圳的时候，那会儿他还没离职，那是我第一次去深圳，他到高铁站接我，看着我从高铁站出口走过来，他还认真地给我拍了一段视频，他说"这是你第一次来深圳的样子，记录一下"。

后来，我们一起吃饭，他带我吃鱼，我说我从小到大从来不吃鱼，他说，我带你吃的是没有刺的鱼。虽然我早就忘了当时吃的是什么鱼，但那是我这辈子吃鱼吃得最多的一次了。

吃完饭后，我们一起骑着单车去海边溜了一圈，那会摩拜刚出来不久，摩拜还处于能把同行其他品牌抛弃的神话时期。我当时手机还没下载摩拜 App，他用他手机扫了一个摩拜，扫了一个小黄，我们一起骑车去海边。

从小生长在一座中部城市，在这之前我没去过海边，更没晚上去海边兜过风，所以刚到深圳的第一晚，因为王同学，因为摩拜单车，因为海风，让我后来回想起深圳这座城市，还是很喜欢的。

那天晚上，在海边，王同学用他新买的手机，给我拍了很多意境很美的照片，我从里面选出一张最好看的背影图，把它发给我当时喜欢的那个男孩，等了一夜都没等到他的回复。

所以，后来王同学把我送回酒店，我心情是很低落的，他陪我在酒店待了很久，听我碎碎念骂了那个男孩很多次，听我说了很多很多往事，快到凌晨一点的时候，他才打车回去。

他离开之前，还反复跟我说，把门反锁好。

在他走后很久，我在陌生的城市、陌生的床上，依旧翻来覆去睡不着，当时我脑子里突然想了一件很奇怪的事：

电视剧里，都在说一个男的和一个女的，在一个房间里待着会发生点儿什么，我们都以为社会很乱，大都市里没有正经的男女关系。但其实不是的，大都市也有纯洁的男女关系，有时候电视里的故事也是骗人的。

我和王同学是，就算躺在一张床上，也不会发生点儿什么的好朋友。

## 6.

他换女朋友换得很勤，就我知道的，已经有好几个了，所以对王同学这么早就结婚，我是没想到过的。甚至在他跟我说他准备结婚的时候，我脱口而出一句：你女朋友是怀孕了吗？

他说，不是的。

他的婚礼我去了，毕竟他在跟我发请帖的时候，还特意跟我讲，你要是不来参加我婚礼，我真的会在心里怪你的哦。

但其实也不主要是这个原因，就算他不跟我说这句话，我还是会去的。

婚礼很隆重，也很热闹，也很出乎我的意料。

就比如，我眼中的王同学，永远都是嘻嘻哈哈，天大的事对他来说都能笑着过去的人，但在那天婚礼上，在女孩的爸爸，慎重地把女孩的手交给王同学的时候，我看到他偷偷抹眼泪了，好像在用眼泪回应女孩和她的父亲："放心，我会一辈子对这个女孩好的"。

婚礼真的是一个让人想流泪，又想重新相信爱的地方。

这样的王同学，我是第一次见。

所以在看到这一幕之后，我跟身边的好友说了一段很"煽情"的话，我说：王同学虽然做起事来很成熟，但在我心里，他一直是那个十五六岁的毛头小伙子，我看着他谈恋爱、分手、再谈恋爱，我总觉得他没那么快定下来，可是今天看了婚礼上王同学的表现，他让我见到了一个认识十年来，我从没见过的样子，我在他身上看到了一个男人的担当和责任，这场婚礼让我改观了，我觉得他以后一定会是一个好丈夫、好父亲。

朋友回了一句：所以说，两个好朋友是很难相爱的啊，因为哪怕彼此在旁人眼中再优秀，但是做朋友久了，你就习惯性地只去看到他身上适合做朋友的一面，你没有见过他爱一个姑娘时的样子，他也不知道在喜欢上一个男人时你也有小鸟依人的一面，所以说，**我们只能说这个人适不适合我们，却永远不能说，这个人适不适合做男朋友。**

后来，我跟王同学的老婆接触过几回，我一个从不夸哪个女生好，从来搞不好女生关系的人，也真心觉得她真的是一个很好的女生。王同学这回真的赚了。

网上有很多言论说，异性朋友，在发现对方有了对象之后，就要自觉地疏远。

王同学结婚之前，我没有考虑过这个问题，毕竟我们都交往得很直接，王同学结婚后，我也没刻意去考虑这个问题，我不是一个爱把网络上别人的经验之谈当作圣经的人。

　　　　不过后来的实践证明，有时候还是不能太信网上的话。譬如，大家都说男女之间没有真正的友情，但我们就是真正的朋友，大家都说异性朋友有对象后，就是你们友谊终结的那一天，但王同学结婚后，我们依旧是朋友。

除了他记错了一次我的生日外，好像其他的都没变。我俩都挺忙的，往往想起来，就简单问候几句，如以前一样。

好几次，我们聊天，他老婆都在旁边追剧，快结束了，他老婆跟我搭话，我才知道原来我们整个聊天过程她都在，但也恰因为如此，他老婆对我格外放心。因为她发现我每次找王同学，要么就是聊工作，要么就是很耿直地跟他讲我跟别的男生相处遇到的问题，让他给我建议。

王同学向来对我挑男生的眼光都不太满意，早些年的时候，我不停地挣扎在一段段苦恋之中，好不容易从一个坑里跳出来，又往另一个坑里跳进去，爱得也蛮不容易的。

前不久，我跟他聊天时，讲起过一个男生，我也就简单地讲了几句，但很难得地，我从王同学嘴里听到他夸一个男生，他当时很认真地跟我说"我觉得这个男生挺好的，可以试一试"。

我笑着问他，我就从没看到你认可过我提过的哪个男生，这个男生哪里吸引到你了啊。

他很简单地回了一句：你之前在提别的男生的时候，虽然会说你很喜欢他，但你更多地讲你的委屈，讲他们做过很多让你伤心难过的事，但你讲这个男孩的时候，给他用的都是很好的形容词，讲的都是他对你的好，我隔着屏幕都感觉到了他对你的好。

很莫名其妙，王同学这段话突然让我好感动，他是真的希望我能找到一个能对我很好的男生，就像我爸爸妈妈对我未来婚姻的期待一样。


## 7.

可能是因为长久以来的刻板印象吧，我们总觉得一男一女走得太近就不正常了。读书的时候，我们看到一个男孩跟一个女孩在一起玩儿，会认为他们之间肯定有点什么；长大后，我们也习惯性地觉得，男生跟女生做朋友，肯定有一方喜欢另一方。

有很长一段时间，我也这么定义一段感情，我也曾怀疑过我们友谊的纯洁度，但我现在不喜欢"一男一女在一块玩儿，就一定是喜欢"这种刻板印象。

也的确，像我和王同学的这种感情很珍贵，也很稀缺，但毕竟世界上存在这样一种关系，存在即合理，谁都不能去否认，也否认不掉。

我很感激那个陪我长大的男孩，像平行世界里的另一个自己，像我的闺蜜，但却又没有女生之间那么多的计较。我跟他说了很多不能跟父母，不能跟闺蜜，也不能跟当时喜欢的那个人说的话。

不是当时我爱的那些男孩不好，我非要去跟另外一个男孩说不能跟他说的话，将我当时喜欢的那个男孩，换成随便任何一个男生，我也还是会去跟王同学说很多不能跟他说的话。

因为他是平行世界里能懂我的那个人。

长大成人这一路，我们都很小心翼翼，很多话除了自己，都不愿意也不能告诉别人，所以我很庆幸，在我的青春时代遇到了另外一个自己，我们一起进步，一起长大，一起看着彼此成为更好的大人。

前不久和一个朋友聊天，谈到男性好朋友的话题，她说，她有很多关系很好的男生，最开始接触的时候可能有心动的，但相处着到最后都会处成哥们儿。

我问她为什么会这样。她很认真地给了我一个解释：

"因为相处越久，两个人越熟悉，越发现他们身上不成熟幼稚的地方，会感觉到和他们做朋友没什么问题，但做另一半的确有点不适合。"

　　但我觉得这个问题，换一个方式回答会更好：

　　因为有的人，你们相遇，本来就不是为了相爱的。因为你们本来的设定就是做朋友，生活让你们一点点了解对方，就是为了让你们成为最好的朋友。

　　一男一女，除了做男女朋友，还可以做朋友。

# 第四章　不要活得太"自律"

不要活得太"自律"

聪明的人，都很会发朋友圈

你所羡慕的人生，也没那么美好

千万不要只过你喜欢的生活

让未来的自己配得上未来的烦恼

想通这三件事，我活得更开心了

# 不要活得太"自律"

## 1.

我有一段时间活得特焦虑。

前一天晚上给自己订下第二天的计划表，信心满满相信自己第二天肯定能过得很充实，但第二天早晨响起的闹钟，被充满困意的我按掉，翻个身继续睡。等睡醒，一看时间已是上午十点半，一边恼怒自己为什么没按时起床，这下子又要打乱一天的计划了，一边又难过地想着"早上的计划都打乱了，今天这一天又被破坏了，计划又不能很好地完成了"。

而后，匆忙洗漱，吃早餐，泡咖啡，等端着咖啡坐到书桌前，一看时间已快接近十二点。打开电脑，看一下新闻，再打开文档，准备着当天要写的稿件。在晚起打乱计划的心情铺垫下，盯着文档看半小时仍没半点思绪后，又开始自责"就不该贪睡，要是早起的话，这篇稿子早写完了，可以进行下午的安排了，这下又得耽误下午的计划了"，于是越想越烦闷。

按捺着性子对着文档继续想，挨到一点左右午睡困意席卷而来，困意来袭时正是心理防线最脆弱的时刻，于是潜意识里劝自己说"一时半会儿也想不出写什么，困的时候更难写出东西来，还不如先睡个午觉，睡饱了再起来工作"，遂回到床上倒头睡午觉。

那段时间作息不规律，虽然生活很轻松，但总觉累，提不起劲儿。一旦我睡着，几个闹钟也没办法叫醒我，得等我睡到自己醒。所以那段时间我的午睡时间经常是两三个小时，很长时间一睁开眼已是三点半。醒后精力是充沛的，但也提不起劲儿干活，又开始陷入这样的懊恼中："反正今天计划都打乱了，也没想到什么好的想法写稿子，干脆今天先看一部电影，积攒一下素材"，于是打开豆瓣找了部电影看起来。

人的心是很容易散漫的，一旦散起来，再束起来就比较难。晚饭过后，想着今天一天快到尾声了，既然都是这么散漫过来的，那我还是继续躺在沙发上再看一部电影吧，美其名曰"积累素材"。

待到晚上十一点，想着这一天自己什么事都没做，虚度一天，工作都在那积攒着，最后期限更加临近，压力骤增；想着时间又消逝了一天，这一年已经过了一大半，感觉今年自己没做多少事，进步也很小，身边同龄人大家都在勇猛前进，焦虑感就来了；再想着自己最近怎么这么丧，不想干活，只想偷懒，开始自责，开始怀疑自己是不是不上进了，甚至会慢慢讨厌这样不努力的自己。

于是，前一天晚上一边焦虑，一边自我怀疑，一边给自己订着明天的新目标，再继续熬夜无法早起，继续无法完成工作任务，重复着前面的循环。

我有很长一段时间都是这样的状态，对生活的规划很多，但大多数时候提不起劲儿，无法完成每日计划的工作内容。于是每天一边为自己没办法完成工作内容难过，一边又为自己没遵守设定的每日计划难过，为自己不能遵守诺言自责着。

## 2.

我曾以为之所以有这样的状态是因为我变得懒散，变得不积极上进了，我甚至怀疑过是不是自己前几年过得太辛苦了，所以这两年后劲儿不足，往前冲不动了。

后来我不断地去调整自己的状态，慢慢才发现出问题的不是我对工作对生活的态度，而是那张我给自己制订得太过完美的计划表。

我每天晚上给自己制订的那张计划表太完美了，完美到几点起床、几点吃早餐、几点做什么事，我都精确地写下来了。所以一旦第二天我起床晚了点耽误计划，或是哪个时间段我被别的事耽搁了，没有完完全全按照计划表上的计划来做，我就会感觉当天是不完美的一天。

过分追求完美过好每一天的结果就是，一旦感觉这一天没按照自己想要的来，就会感觉这一天被破坏了，不再完美。而后便会抱着破罐子破摔的心理，想着既然这件事我没按照计划做成，这一天已经被破坏了，那么今天的计划干脆作废吧，后面的计划也不做了，明天再开始新的完美的一天吧。

这也是我之前的心态，错过了规定的起床时间，就觉得一天的计划都被耽搁了，一边自责，一边干脆放飞自我。一旦稍微放松一下，不在预期范围内看了场电影，就觉得自己违背了严苛且完美的时间计划，破坏了一天的完美，干脆继续放松，第二日再努力。

完美计划表的好处在于，它清晰地规定着我们什么时间段该干什么事，完美计划表背后也藏着我们希望高度自律的心。但它的好处也是它的坏处，因为它太完美了，完美到我们都清楚只要按照这个计划表过下去就是完美的一天了，可一旦我们哪一天没有完全按照那个表格做下去，我们那颗追求完美的心就会觉得自己不努力不上进不自律了，会自责会自我怀疑会失落。

但我们的生活又是充满变数的，每天都会有没法预想的事情出现而占用我们的精力分散我们的时间，完完全全按照一张表格去生活去工作去学习，也不大可能。

那张完美计划表本是来帮我们活得更自由更自律，可在潜移默化间也会成为束缚我们的存在。

### 3.

所以后来，我开始慢慢调整我的生活状态，每天不再写很详细的计划表，不再规定自己几点到几点必须做什么，而是试着给自己写一个简单的大致计划，只把第二天重要的事写下来，提醒自己不管怎样，第二天一定得把这几件事处理好，其他的时间可自由安排。

除去偶尔有些别的事情，我每天的生活还是很规律的，每天的工作内容无非是写稿子，看几小时的书，固定两小时的学习时间，处理好相关互联网平台的运营工作，偶尔还需跟工作伙伴对接一下工作事项。所以，我不再硬性规定自己必须几点起床，不再觉得早起才算自律，晚起就一定是懒惰，只是告诉自己"只要你按时且高质量地完成每天必须做的工作内容，几点完成，如何完成都可以"。

如若预期起床，那便是最好的。若是前一天晚上因为忙别的事，熬了点夜，第二天起晚了点，那就晚点再处理稿件，也不会再恼自己，因为我知道原本今天该完成的工作我肯定会处理完的，工作任务和工作内容不变，只是工作时间变动几小时，也没关系。当然因为我不再等到截止时间前再着手工作，所以一天内的几小时变动也不会影响我的工作质量和工作时间。

若是今天确实没状态处理工作事宜，我也不会再去逼自己，而是允许自己偶尔的松懈，适当地奖励自己去看一场电影，或者补一期想看的综艺。只是会在放松之前，清晰地告诉自己"你今天状态不好，没有完成的这件事，要放在明天的计划里一起完成，这势必会增重你明天的工作任务，你得明白这一点"。

我清晰地知道我每天要做什么事，也清晰地知道我此刻获得的放松时间是从哪里来的，什么时候得还回去。在这种弹性的生活、学习安排下，我的效率还是极高的，该做的事情一件没落下，快乐的时光也有不少，也不会再在想看电影看视频的时候，觉得自己虚度光阴不努力不上进了。

我要求自己努力学习，也允许自己去放松去玩耍。


## 4.

很长一段时间，"自律"这个话题很火。

大家所以为的自律是每天早起早睡，规律生活，是每天吃得健康，吃蔬菜吃水果吃蛋白质，是不能胖，瘦最好有肌肉，稍有违背即是不自律。

尤清晰记得，前一阵我跟朋友聊天时说起，我当天晚上约另外几个好友吃火锅。朋友听完我的计划，当即就回我一句"我也想吃火锅，但我好久不吃火锅了，因为吃火锅不健康，我要自律"。

　　当时听到朋友那句话，我就在想，不吃火锅自律其实没有错，每天五点半起床保持自律也没有错，每天坚持跑步自律更没有问题。但千万别太过教条，用"自律"二字去衡量所有的东西。我平时吃得也很健康，每天吃青菜吃水果每天坚持喝 2000mL 水，但为了跟朋友联络感情，也为了让自己吃点想吃的食物，每周必须跟朋友出去吃一顿火锅或烤肉或别的食物；到现在我都没办法做到五点半起床，甚至在我整个考研备考期间，我最早也是七点半起床，但这并不妨碍我每天按时按量去完成我的学习内容，我该做的事也都做完了；我没办法坚持每天跑步，但我每天要么尽量让自己走 5 千米，要么在瑜伽垫上做一些简单的运动。

　　　　所谓自律，并不是为了追求完美的计划表，或者为了追求一定要做一件事而去强迫自己做一些事，而是根据自己的生活习惯，根据自己的生物钟，灵活地安排一天的生活和工作。

　　毕竟，如果过分苛求自己，保持过度自律，比如你忍住一顿火锅，而后有一天刹不住了，暴食垃圾食品，就得不偿失了；又或是，即便你坚持每天五点半起床，但起床后头昏脑涨，大脑一片混沌，打不起精神看书或学习，也是枉为，如此只会更加浪费自己的时间和精力；再或者是，你像之前的我一样，为了追求完美，苛责自己完全根据一份太完美的计划表去过每一天，一旦计划稍微打乱，你内心的遗憾和自责更多，这种情绪消耗更致命。

　　现在各种自律话题很火，放眼望去，十个人的个性签名有八个写的是"有多自律，就有多自由"，追求自律和上进的心本是好的，希望规律生活的心愿也是好的，但过分强调追求完美的"伪自律"是不合适的。

　　你可以很努力，可以很上进，也可以希望你的生活变得再好一点，但比起照搬别人的"自律"生活，能否根据自己的生物钟和自己的习惯，选择合适的方式过好每一天，才是更重要的。

# 聪明的人，都很会发朋友圈

**1.**

前几日跟一朋友聊天，我们当时正在聊一个新的项目的具体细节，朋友问我在这一方面有推荐的人选吗，我给他推荐了一个人，那人正好是我们的共同好友。

我刚说完他的名字，朋友就反驳了我一句：他不行，看他发的那些朋友圈，情绪化太严重，像个小孩子一样，给人的感觉，很不靠谱。

随后，朋友直接排除掉他，寻找其他合适的人选。

我替朋友惋惜的同时，也深觉我们在社会上与人相处，的确应该懂得如何经营自己。现在很多人是通过朋友圈认识一个人的，你说出什么样的话，你在对方心中的印象就是什么样的。

你经常发一些积极正面的朋友圈，大家会觉得你是一个积极生活、热爱生活的人。

你经常发一些情绪化严重、消极、戾气很重的朋友圈，久而久之，大家会不自觉地以为你本人就是这样情绪化严重的人。

我们常说，只有我们能决定自己是什么样子的。是的，我们自己能影响很多东西，就像很多时候，别人认识我们，也是通过我们做的那些事、说的那些话。

*在朋友圈里，你表达的观点、看法，你说的话，影响并决定着你在别人心中的样子。*

## 2.

大三的时候，我成为武汉网球公开赛的志愿者，在开幕式那天，我拍了张开幕式主持人宣讲的照片，配了一句话，很开心地发了条朋友圈。

忘了我当时说的是什么话，大概是表达自己过度开心的情绪，反正在那条朋友圈刚发几分钟后，我哥就给我打电话了，很严肃认真地跟我讲：

"你要赶紧把那条朋友圈删掉，你现在要开始经营你自己的朋友圈，经营你自己的形象，你在朋友圈说了什么话，表达什么样的想法，你对某件事表达出来的喜欢或讨厌，都间接塑造着你是一个什么样的人。"

当时他跟我讲了很多"重要性和必要性"，但那会儿的我真的还年轻，虽能理解他说的话，暗戳戳地把朋友圈删掉了，但觉得他还是把问题说得太严重了：我自己的朋友圈，随便发就行，为什么要在意别人怎么看我。

但在五年后的今天，我认识越来越多的人，朋友圈也拥有越来越多的人，有朋友，有家人，有工作伙伴，有师长，还有很多与切身利益相关的人，也越明白我哥说的那些话。

　　在你微信好友的这群人里，有人很关心你的情绪，看到你发的难过的动态，会心疼；也有漠不关心的看客，你的喜怒哀乐，并不能在他们心里掀起一丝波澜；有人手中握着很多机会，看着你的朋友圈，如果感觉你靠谱踏实有能力，会抛给你你自己都想不到的机会。

　　　　在朋友圈里，你随随便便的一条心情感想，都是在几百乃至几千人面前的非正式小演讲，你的"演讲内容"正向那些人透露着你是一个怎样的人。

　　朋友圈不再是由你几个好朋友组成的圈子，你真的得重视起自己的"朋友圈"来。

## 3.

　　去年三四月份，我有一个读研究生的学长，来问我有没有好的平台帮他推荐一下，他想找个实习平台。我当时帮他把简历转给我朋友，然后把全国数一数二的某个媒体平台的负责人的微信给了他。

　　当时他们简单地沟通了一下，因为我学长每周要抽两天去第一历史档案馆查资料写毕业论文，第一历史档案馆只有工作日开放，所以每周只能去工作三天，跟他们那边招收实习生的时间要求有些冲突，最后只能作罢。

　　我学长学的是历史，平时很喜欢在朋友圈转发一些关于社会评论方面的文章，在转发的同时还会写很长一段自己的评论，有时会反对作者的观点，有时会肯定作者的观点。这是他保持很久的习惯。

　　在世界杯前夕，之前因为时间冲突，拒绝了学长的负责人，突然跟学长发微信说，一直在看他朋友圈发的文章评论，感觉他很有自己的想法、很有态度，问他想不想来他们平台撰写世界杯期间的稿子。

　　学长跟我讲起这件事时，我除了打心底佩服学长自己的能力外（因为他平时对一些问题的分析评价很有见地），也再次明确：

　　　我们很多人是通过朋友圈去了解去认识一个人的，朋友圈在人际交往中的地位真的很重要。

## 4.

　　你在朋友圈发的工作信息，别人可以通过此了解到你的工作生活。

　　你从来不发朋友圈，大家会觉得你这个人比较高冷，或者觉得你并不喜欢向别人展示生活，或者会猜测你是不是有另外的私人微信，或者会想我们的关系并不那么熟悉，你的状态可能都分组可见着，只是我不在你的可见分组里。

　　你的朋友圈分享着你的生活，自己做饭，出去旅游，自己生活的一些有趣日常，别人可以通过此了解到你是一个懂得生活，有生活情趣的女生。

　　你在朋友圈偶尔分享着自己认真思考后的感悟，会给别人传递出，你是一个很有想法的人。

　　读到这里，肯定有人会说，我们为什么要在意别人怎么看我们，我们为什么发条朋友圈都还要顾虑别人的想法，我们在自己的地盘矫情、情绪化，甚至我们就要在自己的朋友圈骂人，关你们什么事？

　　诚然，想发什么朋友圈，是深夜矫情，还是骂骂咧咧，抑或是毫不隐藏你的情绪、你的短板、你的愤怒，那是你的自由，任何旁人都没资格指责你。

　　　但无法否认的一个社会规律是，在一定程度上，"客我"还是由"主我"决定的。我们说了什么、做了什么，我们的言行，也的确会决定别人怎么看待我们。

　　如果你的目标就是我行我素，那你就"你行你素"地活，也没关系；**但如果你想认认真真地经营自己，想为自己谋得更多的发展机会，那就一定要有经营朋友圈、经营自己的意识。**

　　很重要的一点是，我们有意识地去发朋友圈，并不是我们怕什么，也不能因此说明我们是一个畏缩胆小在意别人眼光的人，能说明的是：**我们更有意识地经营自己，只是希望自己能走得更远更好。**

# 你所羡慕的人生，也没那么美好

### 1.

跟好友聊天，好友问我此刻在做什么，我拍了张图书馆阅览室的照片发给她。

好友问我是否已经适应学校环境，问我学校饭菜好吃吗，问我同学和老师怎么样，我一一回复。话题的最后，朋友给我发了句"真羡慕你能继续回学校读书，没有太大压力，自由自在做自己想做的事"。

朋友的这种"羡慕别人生活"的心情我是很能够理解的。一年前，在社会上忙着打怪升级，每天在家心疼电费，上班心疼房租的我，看着还在读书的朋友在社交媒体上发出的图书馆自习的照片、和她的同门师兄师姐聚餐的合照，以及和同班同学一起参加调研的合照，内心也是很羡慕的。

虽然照片上的同学们打扮都很朴素，没有精致的妆容，没背名牌的包包，穿着简单的 T 恤牛仔裤帆布鞋配帆布包，虽然朋友发的照片也非加滤镜后的精修图，只是用一般配置的照相机拍出的最原始的照片，但看着照片上一张张朴实平淡，但浑身上下又散发着自信的脸，我内心是羡慕且向往的。

我羡慕不需过多为工作为房租操心的学生生活；我羡慕在浮躁的社会中，仍有这么一个相对安静的地方能让他们无忧无虑地学习知识；我羡慕身处社会中的我们为自己所选择的这条路是否有长远未来而迷茫时，还在学校读书的他们的社会人生还没开启，他们还有很多种机会和可能性；当然在社会中被反复浸泡下逐渐变得浮躁变得有点急功近利，已经好久没认真看一本很难啃的专业书的我，最羡慕的是他们还能沉下心沉住气去看一本本很难啃的专业书，去写一篇篇学术论文，去做一件件不跟钱直接挂钩但能切切实实提升他们的社会调研、社会实践能力的事。

所以，我后来决定回学校读书。虽然身边有人说，你只是逃避现实，想回到象牙塔躲几年过几年舒服日子再出来，还有人说，你只是在现实中过得太差劲，混不下去了，才想着回学校重新读书找条出路罢了。各种声音都有，他们揣测着我的想法，他们站在自己的立场分析着我为什么决定重新回学校读书。但我从没跟任何人说过，我最初决定读书只因我羡慕同学们身上朴实的自信，我想花上几年的时间专心学习专业知识，我想让自己提升一下自我，这份自我提升是为了内心的充实，为了内心的安稳，为了增强我对未来对自己人生的底气。

这跟社会上所宣扬的为了挣到更多钱的这种目标明确的自我提升，是有那么一点不一样的。

## 2.

很幸运，虽然过程走得很曲折，从最初决定要继续读书家里人都不支持，到整个备考过程中遇到了各种压力和困难，好在最后我还是如愿能回到学校继续读书。

当我最终如愿，过上一年前我曾向往的研究生生活，重新回归学生身份，我以为过上曾经想要的生活的我会很开心，我以为曾经困扰我的那些烦恼终于不在了，我以为此后我能过上较踏实一点的人生了。但以上都没有。

过上曾经想要过的人生后，才发现那种我挤破头想要过上的人生也不过如此。此刻的人生跟我之前任何一个阶段的人生都一样，有开心，也有烦恼，有机遇，也面临着挑战，有顺畅的时刻，也有困顿失落沮丧的瞬间。

> 人生的本质都是一样的，不管你站在什么位置，你总会有你的烦恼，也总会遇到你更羡慕更想要过的人生。

就拿此刻的我来讲，虽不用担心房租费用，但肩上的经济压力依旧还在，我需要让自己变得更有价值些，至少几年后的我得比现在的我能挣更多的钱有更好的人生，这是我对自己的要求，绝不能虚度了这好不容易从生活手里夺过来的几年时光。

虽不需要再朝九晚九地工作，但此刻我需投入更多精力在学业上，我给自己制定的目标是好好完成学业争取达到优秀，每周看一本专业书，每学期学一项自己之前不熟悉的互联网技能，加上学校给我们设置的很严格的毕业要求都要完成，此刻人生的压力并不比工作时小。

还有，我还有个写作者身份，写作是我发自内心的热爱，是我谋生的手段，更是我曾经花了好大劲从生活手里夺过来的优势，我不可能也舍不得把写作丢掉，所以哪怕我换了种生活状态，我依旧需要投入大量的时间精力去写作，去提升我的写作。

我们所羡慕但还没过上的那个人生里，不一定都是美好的，只是旁观者看到的美好一面，等走近后才会发现再美好的事物表面或多或少都有些斑点和瑕疵。

这世上也不存在美好的人生，各种人生，有各种烦恼。你所羡慕的人生，也没那么好。

## 3.

一年前，在我没成为一名研究生之前，我对自己当下的生活极度不满意，总觉此刻的我还不够好，还没足够的能力去和生活过招，我还需要学习专业知识和修炼自己的心态，我希望我能继续回到学校学习，能踏踏实实学点东西，认认真真打磨一下自己。

一年后，我如愿回到学校继续读书，但坦白说，重新回到学校，接受着研究生一年级学生的身份，我依旧觉得自己知道的还很少，没有发了好多论文的师兄师姐们优秀，也没有拿了很多大奖的学姐学长们厉害，与知识渊博的老师们相比我更显浅薄，我感觉自己要学的很多，面对我现在还不熟悉的这个世界，我有时很手忙脚乱，有时很焦灼，有时还会急躁地希望自己再学得快一点。我依旧对现在的自己不满意，我羡慕那些很厉害很优秀的前辈们。

但朋友说她很羡慕我的人生，想写作，就成了写作者，写作、出书，毕业两年想继续读书，就考上研究生，继续回学校读书。朋友说，你的人生还是很顺遂的，此刻过着的生活是很多人向往的生活，没必要依旧不满意。

　　或许这就是人生吧，我们羡慕着别人的生活，也总有其他的别人羡慕着我们的生活。这种游戏模式不是螳螂捕蝉黄雀在后，而是蝉羡慕着螳螂比它厉害，螳螂内心佩服着黄雀的更加高明，是 C 羡慕着 B，B 羡慕着 A，A 羡慕着 A+。小时候以为 A+ 最好，长大后才发现没有哪种人生更高级，A+ 有 A+ 的烦恼，B 也有 B 的烦恼，这就是人生。

　　早些年在文章里写到"羡慕"这个话题，用着稚嫩的笔触写着"我之前羡慕那个长得比我好看的女生，埋怨生活为什么要那么不公平，让别人生得那么好看，等后来接触后才发现生活也是公平的，比如那个女生虽然长得比我好看，但我家庭环境更和谐，爸妈都很爱我"。那时阅历有限，简单粗暴地用着"人生是公平的，我所羡慕的那个人那个人生里，比我此刻的人生有更好的东西，但肯定也有更不好的东西"来劝服自己热爱此刻的生活。

　　例子虽举得挺粗糙的，但道理却是那个道理。

　　　　世间大多东西都是利弊相间的，你所羡慕的人生里，有吸引你的那份好，势必在那份好的背后，需要承担更大的压力，需要面对更大的挑战。人生很多事都是如此，好坏相间，没有凭空的光鲜人生，任何光鲜人生背后都有着你所无法想象的艰辛。

　　我此刻慢慢学会接受生活。所谓接受生活，并非简单停留在口头上，而是打心底试着让自己去热爱此刻的生活，在自己每次看到人生的艰辛时，都试着再让自己去发掘一下艰辛背后的美好。

　　虽然内心还是向往更好的生活，但在追求更好生活的过程中，不会一味对此刻生活不满，更不会觉得此刻生活不好一刻都没法继续待了，而是一边试着寻找此刻生活的美好，寻找此刻生活存在的价值，一边以更开心更愉悦的姿态去追求下一阶段的人生。

最近总爱拿北野武的那句"虽然辛苦，我还是会选择那种滚烫的人生"来安慰自己。

虽还是会向往更好的人生，但不会再去羡慕别人的人生了，因为我知道我此刻的人生也有它的美好之处，我也知道只要我再努力一点，我最终还是能过上我向往的人生。

脚踏实地的努力，比羡慕有用。

# 千万不要只过你喜欢的生活

## 1.

前段时间我写作状态不佳，自我调节许久依旧只觉得疲累，最后干脆甩手不写，放空大脑，不再勉强自己，每天吃吃玩玩，睡大觉，什么都不管。

原本以为我会很喜欢这种"每天睡到自然醒，完全不需要动脑子"的生活，但这样的生活持续不到两天，在朋友开着玩笑来问我"不写文章，全心全意玩乐的日子开心吗"，我无比真诚地回了她一句：不开心，我还是比较喜欢之前努力且充实的自己。

朋友笑我虚伪，两天不见就把"我热爱工作"这种鬼话挂在嘴边。讲真，要换成半个月前的我，估计也觉得说出这样话的人真虚伪。

但对于逛完一天街后，筋疲力尽；完全放开自己，不考虑热量吃所有的食物，胃里混乱，极度不舒服；完全荒废整天时间，睡到昏天暗地，手机玩到发烫，最后只觉得越来越困累的我来说，真的很怀念之前努力工作，认真写稿，克制生活的自己。

　　我跟朋友说，我以前从没发现自己规律克制的生活多美好，偶尔觉得每天约束自己压力真大，但在放飞自己两天，完全打破之前有序的生活后，才发觉"哇，以前那种日子真好"。人生真奇妙。

　　我那个搞人类哲学研究的朋友，很睿智地接了一句，**"所以说，想要生活里多点幸福感，我们就不能只过自己喜欢的生活，再有序井然的生活每天过，都会变得习以为常和平淡，偶尔经历些混乱时刻，体验一些我们不喜欢的事，有利于我们更能拥抱现在的生活。"**

　　就像毛姆在《月亮与六便士》里说的，"为了使灵魂宁静，每天要做两件不喜欢的事"。想要生活过得有意思，就千万不能只过你喜欢的生活，只做你喜欢的事。

## 2.

　　前几天去健身房运动，被一个纠结要不要办卡的姐姐拦住，她问了我一个问题：你是不是很喜欢运动，所以每天来运动不觉得辛苦，我不喜欢运动，觉得运动很累，但又想身材好一些，怎么办？

　　我浅笑一下，只回了这个姐姐一句：偶尔，我们需要做一些自己不喜欢的事。

　　你问我喜欢运动吗？我的回答肯定是，不喜欢。

　　每天在跑步机上跑一个小时，肯定没有在家里躺沙发上看电视舒服；一节单车课 45 分钟，我经常在第 25 分钟的时候，累得想放弃，脑袋里想的都是空调房里的冰西瓜；深蹲的 60 秒，经常需要我咬着牙，不断给自己做心理建设、鼓励自己，才能坚持完。

　　可能你会问，为什么运动起来这么辛苦，你依旧坚持？

　　原因很简单，我不喜欢运动，但我深知坚持运动，对我来说有好处，会变瘦、变好看、变健康。

每次去健身房上单车课，总会看到很多汗流浃背，累到气喘，但在教练那句"当你觉得累的时候，你的脂肪在燃烧，觉得疼的时候，是你在变好"后，依旧咬牙更用力坚持的姑娘。每次看到她们，我都有一个感觉：**优秀的人，都懂得去做一些自己不喜欢的事**。

一直以来，我们都在提倡"要做自己喜欢做的事""要做让自己开心的事"，但我们忽略了的是，有些我们不喜欢去做，不愿意面对的事里，也藏有营养。

我们抵触做一件事，不喜欢做一件事，不是因为这件事不好，只是在做这件事时，我们不会那么轻松，会很辛苦，很吃力。

　　但人生那么长，想要成长得更快，走得更稳，变得更好，有时需要通过去做几件不喜欢的事，来吸取营养。

你不喜欢的事，可能对你来说也是有益的事。


## 3.

前段时间，朋友圈被旅行足迹刷屏了，几乎所有人都在朋友圈晒自己去过哪些城市，还有朋友一边晒足迹图，一边立 flag，说今年还要走完几个城市。

有次吃饭，和一个朋友聊起这个话题，当时朋友说了一番很引人深思的话，她说：

"以前出去玩，发现一个城市很好玩儿很喜欢，会反反复复去很多次，但看到朋友圈的截图，有人去了很多城市，有人的生活足迹好丰富多彩，就会默默在心里对自己说'世界那么大，以后要多去尝试一些新颖的东西'，可能你现在不喜欢这个城市，但等你真正了解了，也会觉得很有趣。"

很多事，我们不去真正试着做一下，是无法知道它到底好不好的。

就像你吃惯了草莓味道的冰激凌，你以为草莓味是你最喜欢的味道，但等有一天，你尝试吃一下抹茶味、西瓜味的冰激凌，你会发现"好像这些你之前以为自己不太喜欢吃的东西，味道也不错哦"。

**只做喜欢的事，看起来是人生很满足的一种状态，但其实这也是你在对自己设限。**只做你喜欢的事，那么你就可能错过很多因为不熟悉让你不喜欢但也很有趣的事。

人生那么长，我们要多去经历，争取活得充盈，"有趣""无聊""欢喜""难过"都是美好的体验。

## 4.

一个很现实的问题，**人生那么长，我们总有那么一个时间段，是在过自己不喜欢的生活。**

年少时，我们嘴里嚷着"我要努力，以后一定只做自己喜欢的事"，那时对生活充满浪漫的期许，看到的也是理想中美好的生活；但等阅历稍丰富，见识稍多，才发现来这人间走一遭，我们是不能只做自己喜欢做的事的。

这世间并无绝对的喜好，也无绝对的厌恶。你喜欢明媚的太阳，与此同时你要忍受它的炎热，你喜欢阴雨绵绵的天气，但也要担心被雨水弄湿衣裳。

你想要赚足够多的钱，可能需要牺牲你陪伴家人的时间；你想要去更大的平台，有更好的发展，可能要背井离乡，要承担孤军奋战带来的所有情感连锁反应；你拥有爱情的甜蜜，也会体会爱情的心酸。

　　　　所以，我们不喜欢的生活其实一直都存在，"宠辱不惊，看庭前花开花落"只是一种淡然的心境，"回首向来萧瑟处，也无风雨也无晴"，只是豁达的心态，"无远弗届"是自我鼓励的一种态度。

我们无法保证自己时时刻刻都在做自己喜欢的事，但我们可以选择的是，在面对那些挑战时，我们能以一种什么样的姿态去应对。

不喜欢的时刻总会有，我们需要做的就是，学会调节自己的情绪，保持愉快的心情，做好手头的每一件事。

　　　　人生那么长，不祝你事事顺遂，祝你总有乐在其中的办法。

# 让未来的自己配得上未来的烦恼

**1.**

曾经有很长一段时间，我非常喜欢为还未发生的未来焦虑。

比如，下周要做一件很重要的事，我这周就开始把做这些事过程中可能会遇到的困难想到，防患于未然想办法解决这些麻烦。既然用上了"麻烦"二字，肯定解决起来是很麻烦的，于是事情还没开始做之前，我就在那挠破头想着怎么解决这些麻烦。最后在我的努力下，有些麻烦能成功解决，也必然有些麻烦没法解决。于是，在正式做那件事之前的很长一段时间，我的脑子里想的都是那些没办法解决的麻烦，为此忧愁，为此闹心，情绪低沉，心情不快。

这种考虑问题长远且周到的性格，切实帮我规避了很多风险，让现在的我有更多的时间做更充足的准备去应对未来的生活，但也让我一度生活得很不开心。那些未来会发生但已被我解决的麻烦，会让我松口气；但那些未来可能发生，此刻我没办法解决的烦恼，会成为我此刻生活中的一块大石头，深深地压在我心头，一次次提醒我"未来还有那么难的一关等着你过，你现在也还没想到解决办法，到时可怎么办呢"，我变得不快乐。

十七八岁的年纪，每次遇到这样的时刻，在我一次次为还没发生的事情忧愁着的时候，我一度以为只是我当时能力不够，是我还不够优秀，所以生活是一摊烂泥，总有那么多不容易的事，未来的狼狈时刻也多于晴空万里。我一度以为，我此刻过得不快乐，只是因为我不够优秀。

再后来长大点，无论是我的能力，还是我的阅历，我思考问题的方式，这些都比十七八岁的时候好太多了，我比之前的自己厉害很多也优秀很多，但我发现，我依旧会一次次为未来不确定的事担忧，依旧活得焦虑且迷茫。

　　此刻终明白，总爱为充满不确定性的未来担忧，并不是因为我们不够优秀，生活过得太糟，而是因为我们还没学会如何与充满不确定性的生活相处。

## 2.

说来有些丢脸，但前不久，我的确又为未知的事情操心了一把。

坦白讲，毕业三年，重新回学校读书，焦虑感是大于开心感的。开学前十天，我就开始焦虑，担心自己没办法适应学校生活，担心自己能力不够没办法学得很好，担心我想要完成的目标被充满变数的未来打乱，没法实现自我目标。

除此些烦恼外，我有份重要材料不见了，还需开学后再回本科学校一趟。而我得知本科时的辅导员换岗了，加之我非本届毕业生，有些材料可能很难找到，以上这些现实的变动都意味着我找到相关材料，或者说补办相关材料难度很大。

这些事项都被摊平放在临近开学的我的眼前，且这些事又不是我此刻跟谁打个电话就能解决的，也不是像我之前赶稿子那样，不吃不喝熬几个大夜加把劲儿，靠自己一个人努力就可解决的，更不是能立马得到结果的事情。

所以，那几天我过得特别焦虑，也特别不开心，每天为不确定的未来愁着脸，还不争气地哭过几场。

正因为真真切切为不确定的未来焦虑不安过，所以特清楚那种焦灼难耐的心情。就像你在机场等飞机，你想去的地方只有那一趟飞机，那趟飞机晚点了，但你急着赶去你的目的地去做一件很着急的事。你迟迟等不来飞机，你不知道飞机究竟什么时候会来，你焦灼不安，你希望能快点等到飞机，希望飞机快点带你去到你的目的地，你不希望你接下来很重要的行程被影响。但哪怕你再着急，你觉得自己急得特难受，特想逃离这个地方，逃离这种不舒服的着急情绪，你一时半会儿也走不出去，你得等、得熬、得在你不喜欢的不安感中再待上一阵儿。谁都帮不了你。

为未知的事情担忧的心情，特别煎熬。


## 3.

在需要耐心等待的那几天里，我一直尝试着给自己做心理建设，我跟自己说"没关系的，未来没你想象的那么差""你现在着急也没用，还会影响自己的心情，消耗自己此刻的情绪""别人肯定也有这种烦恼，你又不是一个人，没必要这么难过"，等等。但我发现以上这些话，并不能真正缓解我焦灼不安的情绪，这些话其至还会让我更焦虑。

　　我最后找到的能很好缓解我对未来的焦虑情绪，且我也很受用的心理建设是"用未来的自己，解决未来的烦恼"。具体操作方法是，我对自己一遍遍地说："没关系的，就算未来情况再糟糕，我也会很努力很用心地想办法去促成这些事的解决，大不了我以后多吃点苦，再多努力点，再多刻苦点，我不相信我真诚地努力，真诚地争取，结果还会差到哪里去。而且我也还算挺不错的，不管未来会怎样，我的人生也不会太差的。"

　　当然，故事到这里并未结束。我靠着自我心理建设暂时缓解了我对充满不确定性的未来的焦虑，在我心中这些事是很麻烦的，未来是很困难的，可真等到开学，办理开学手续，搬各种东西，见新同学，坐几小时的车回了趟本科学校，以及上课、开会等都切实经历了，才发现我当时觉得很困难的未来，好像也不过如此。

　　虽然开学搬行李好累，收拾宿舍好辛苦，重新置办生活用品特别复杂，但咬咬牙，多往超市跑几趟，多拎点东西，也能解决；虽然回本科学校开证明很累，来回五小时的车程坐得一路颠簸，回学校找材料碰壁时刻也不少，但硬着头皮一遍遍跟老师好好说着请求着，往行政楼多跑几趟，最后也还是能解决麻烦；虽然也依旧很担心没办法在学习上完成自己的目标，但当下的每一天尽可能让自己过得充实，努力让自己多看几本专业书，让自己每天多学习几个小时，多看几篇相关论文。

　　等真正来到我曾担忧的那个未来，我才明白，好像过去的我也没必要太为这一切担忧。虽然对此刻内心正为某件事焦虑的人来说，"关关难过关关过"这句话显得很没说服力，但这句话真的很适用。再难的难关，再大的烦恼，总会以它的方式得到解决。你只管努力，未来不会亏待你的。

我们得相信这一点。

## 4.

可能因为过去发生过太多类似的事，量变达到质变，抑或是相比以前的我，此刻的我长大了，比以前更能领悟生活的道理，总之在完全揭开开学焦虑面纱后，我突然很强烈地感觉到，我不应该为还没发生的未来过分担忧，也不该让未发生的事消耗自己太多情绪。

很多时候，我们没办法决定未来怎样发展，我们也没办法找到哆啦A梦借到他的时光机，跑到未来去把那件此刻让我们困惑的事情提前解决掉，未来的不确定性很多，我们不可控的因素也有很多。我们不能为我们不可控的东西难过，这不值当。

我们应努力改变我们能改变的，在我们可操作范围内把我们的效益最大化。虽然我们不能控制未来，但我们能够决定我们此刻的生活是如何的，我们能决定自己此刻是无所事事的玩闹，还是提前多学点技能多学点知识，好歹在未来到来时，就算情况太糟糕，我们也能用我们已有的知识和技能，让自己的生活不至太差。

我们现在没办法去到未来解决麻烦，但我们现在可以让未来的自己变得更加有能力，我们可以让未来的自己再优秀点。现在的我们，没办法解决未来的烦恼；但未来更优秀的我们，肯定比现在的我们有更多办法解决未来的烦恼。

　　如果下次，我再被困到机场，不得不等不知何时起飞的晚点飞机，我不会再焦灼不安，不会再为晚点的飞机何时到来着急，既然晚点已是不可改变的情况，那我便利用晚点的空隙，再看几页书，或是再处理一下工作。既然这个时间总要等，日子总要过，与其过分焦灼，浪费时间的同时还焦灼不安，倒不如开心地好好利用这段时间。

　　既然未来的不确定性总是有的，那就提前意识到这一点，去接受"生活充满不确定性"的事实。

　　大多数时候，我们怕的不是未来的不确定性太多，我们怕的是未来的自己不够强大，没法接住并解决未来的不确定性。

　　好好打磨自己，让未来的自己配得上未来的烦恼，足矣。

# 想通这三件事，我活得更开心了

朋友前几日跑来跟我说："我同事关注着你的公众号，她刚来问我，文长长最近好久没更新了，怎么回事？"

我一本正经地回答了一句："文长长最近在忙呢。"

随后又补了一句"忙着玩儿呢"。

对比前两年，不论放假或是休息时间，每天勤勤恳恳写文章，准时发公号，断更更是少有的时刻，我最近一段时间着实有些懒散。

前两年年轻，浑身的冲劲儿，一股力量只想往前冲，累也不敢停下来休息，生怕一松懈，就会被这个时代抛弃。

但在一条路上走得越久，即便这是你潜意识里觉得很正确的路，但越久，你越会有怀疑的瞬间，偶尔也会担心地想着"我这么理直气壮信心满满走的这条路到底对不对，需不需要改变一些什么"。

趁着这些事没想明白，索性任性地让自己走得慢些，跳出之前写文章的思维，以一个旁观者的身份来审视自己的生活，也顺便给自己放个假，给自己找个理直气壮玩的"借口"。

　　断断续续休息了半个月，也有点小小的感触和收获，分享给大家。


## 1. 花点心思给生活

　　前不久，去深圳姐姐姐夫家待了十来天，每天早睡早起，吃完早餐，去上一节瑜伽课，回来跟小孩玩儿一下，然后打开电脑写写稿子，处理一些工作上的事，下午跑出去自己玩儿，或者约以前的朋友吃饭。

　　有时晚上再去上一节瑜伽课，有时就跟我姐一起走路去附近的商圈玩，既消食，又可以晃荡一下。晚上十点多回到家，孩子们都睡了，有时候泡一壶茶，和姐姐姐夫聊会儿天，有时泡一壶茶，我左手拿着杯子，右手抱着热水袋，一个人坐在客厅的地毯上，看姐夫推荐的电影。

　　晚上睡觉前半个小时，去豆瓣看一眼我这两天看的电影电视剧的评价，看看我有没有漏掉什么细节，或者刷刷微博看一眼推特，又或是在手机上看几十页书。

　　我有自己放不下担心的事，也有自己的压力，但在那十来天，看着我姐姐姐夫如何经营起一个家庭，不再理想主义，也不再是看着书上别人写的样子去生活，去在脑海中构建想要怎样的生活。

　　当我脚踏实地地站在生活之中，好像学会了如何像一个大人一样去生活。

　　每天要好好吃饭，好好睡觉，不要生病，想吃的菜能自己做，懂得处理好自己的情绪，照顾好自己。

　　闲暇时懂得放松，明白如何让自己乐在生活其中，比如给自己泡一壶茶，做一杯果茶，都是简单却真实的小确幸。

压力大家都是有的，那就努力地往前跑，坚持运动，努力工作，努力赚钱。

还有很重要的一点，保持正面积极的情绪，想想办法，去化解生活的麻烦。

对我们每个人来说，去构建拥有秩序的生活都挺难，但那些大人们也都是这么一步步走过来的。

　　*你要找到自己的生活节奏，和你想要的生活基调，然后去构建你想要的生活方式。*

## 2. 人生的跌宕起伏本是常事

讲一件我很释怀的事。

前不久去深圳姐姐姐夫家待了几天，刚去深圳的前两天，我是有点心事的，前面两天每天醒很早，坐在客厅一边玩手机一边发呆，在那两天，我姐家保姆阿姨都来问我"小姨是不是在担心什么呀，这么早就醒了"。

然后，我发现我姐夫每天也起很早，每天醒来的第一件事，就是钻进他的书房，打开电脑认真看着他的股票的波动图。

我之前开玩笑问过我姐夫，哪只股票最近走势不错，我也来买一买吧，但我从未问过我姐，也没好奇问过我姐夫，今天姐夫买的股票是跌了还是涨了，毕竟这个看的还是长线收益。

但不管那个书房里发生了什么，不管当天的情况如何，我姐夫出来都从不把里面的情绪带出来，总是照常和我们谈笑风生。

我不相信股市永远是好的，跌宕起伏肯定是常事，所以那几天为着未知的事忧愁时，看着我姐夫连续平静地照旧生活时，突然很豁达地对自己说了一番话：

> "人生跌宕起伏本是常事，我姐夫还天天经历着股市的沉浮，人家面临的是真金白银的损失，我又何必因为一时的失意或得意，而过于难过丧气或沾沾自喜，人生拼的也是长线收益，胜不骄，跌倒了就爬起来，就再想办法走得更好。"

这世上并不全是一马平川的路，不要怕，也不要觉得自己走到绝境，好像前后左右都没有路，毕竟路不是本来就有的，是人走出来的。

> 去勇敢地面对生活的得失，要有勇气承担你所做的选择的结果，更要有勇气有智慧想办法让自己转危为安，帮助自己到达想去的彼岸。
> 在到达彼岸之前，沉住气，先努力。

## 3. 远离消耗自己的人和事

近一年来，我发现生活中真的有很多多管闲事的人。

我有个大学男同学，去年当着我的面一脸鄙视地说："那个追你的男孩，肯定是看上你的钱吧。"翻着我的微博，一脸看不起地说："我都懒得说你，自称是个作者，你看看你微博粉丝不少，每次点赞评论的有几个？"

被他指着戳我脊梁骨，我真的很想站起来骂他：

"我有钱怎么了，惹你了？总比你一个毕业两年，银行卡4位数的存款都没有，每个月东借西补，连吃饭的钱都没有，还天天跑别人家蹭饭的人强多了。

"我有钱，那喜欢我的人就是爱我的钱，我就不配被人喜欢？你穷，所以你谈的就都是'高尚恋爱'咯，那祝你永远被人'高尚'地爱着，让我肤浅地被喜欢吧。"

我很想认真地跟他讲传媒里面的打开率，很想告诉他，传媒里有些受众关注了你的内容，会看，会打开阅读，会订阅，甚至会收藏，但不会互动，这本是传播领域的正常规律。我也很想告诉他我的书卖了多少册，有多少读者跟我留言，说感激我，因为我的文字曾经鼓励过他们。

但我最后忍住了，我没有骂他一句，也没有辩解一句，我凭什么要去帮一个误解我的人科普这些知识，既然在臭水沟里的人眼中，我跟他一样不堪，他想方设法想从我身上找点不堪的地方，以此让自己内心得到满足，那好吧，那就让他永远这么自欺欺人下去。

那就让他一辈子这么浅薄下去，让他继续看不起任何人，继续当个别人眼中自以为是的"小丑"。

被人骂，被人误解，生气吗？

生气，我超生气的，但这件事我没跟任何人讲过，不管他在外面怎么说我，我只是默默地疏远他，并在心里一遍遍地提醒自己，"我要再努力点，要再往前爬一爬，要远离这些烂人，他可以讨厌我，但我永远不要为这种人浪费半丝情绪。"

我以前被人误解，会想去解释，去思考是不是自己哪里做得不那么好，但近一年突然明白，这世上有些人的眼睛一开始就是瞎的，有些人就是要带着偏见看你，有些人还会带着自身的不如意，带着对生活的坏情绪，去评价你指责你。

　　我们没那么多的时间，去跟他们解释，我们也没必要活成他们满意的样子。

　　所以现在，我学会很简单的一个办法，我不跟别人争，也不跟别人吵，被欺骗、被辜负信任，或者被人弄得特别不舒服，就从心里默默疏远对方，主动将对方从自己的生活中淡去。

　　不要让不值得的事，消耗你自己，只管远离。

# 第五章　你四平八稳地走，永远走不到星辰大海

别让现在的舒服变成以后的艰辛

那些不动声色地变好的人，靠的都是你不想坚持的小习惯

你和谁在一起，真的很重要

你四平八稳地走，永远走不到星辰大海

我们都有逢糟糕化美好的能力

这世上并没有最好的人生

# 别让现在的舒服变成以后的艰辛

**1.**

四年前，我开始做公众号平台，最初做得还行，最好的时候，还想过自己出来创业。那会儿我还是名大学生，不太清楚社会生存的很多规律，以为找到了一条很好的发展之道，从此人生走上巅峰。

最开始的时候，我也很认真地告诫自己"不要让自己的人生只剩下一项技能"，时刻提醒自己要保持进步，要去学习新的东西，我也总觉得我跟别人不一样，不会在一个环境待久了就习惯了，变懒惰了。

**但人性很可怕的地方是，我们总是过分高估自己的毅力。**

当有一天，你曾经很生疏的东西，做顺了，变得越来越熟练，你节省了很多时间，原本你决定要用这时间来学习别的技能，却慢慢被追剧、闲聊填满。甚至，你每次更快速更熟练地完成一件事，你会错误地以为自己在变聪明、在变好。你还会侥幸地想着，未来不会越变越差的，我已经这么辛苦了，好好放纵一下自己没关系的。

顺境真的不利于人进步，当你在一个环境里待久了，越来越顺，比起斗志，更多的是滋生懒惰。

所以，很长一段时间，我一边自我洗脑安慰着自己很努力，一边错过很多机会。

有段时间，付费课程很火，朋友们都转移战场到付费课程，还拉着我一起去，我一口拒绝"感觉做这个好麻烦，要兼顾很多东西"，最后我没去，我朋友们赚了很多。

后来短视频火了，同行朋友纷纷去做视频了，一想到我又没专业工具拍摄，又要学习剪辑视频，遂又放弃，最后，我看着朋友们又挣了一桶金。

再后来一些新兴的门户网站火了，当时很多网站的编辑邀请我入驻，说是给很多扶持政策，一想到没有一键同步按钮，要把自己的内容各个网站搬一遍，要去接触新的平台规则好麻烦，遂又一拖再拖，嘴里答应着好好好，但一直没去点开那些平台。等有一天，有个朋友在朋友圈晒他在那些平台的成绩时，我内心又是羡慕又是后悔，才知道自己又错过了一个风口。

当时，选择拒绝的最主要原因是懒，最根本原因是，不愿意走出舒适区，总觉得当下的生活挺好，知足就好。


## 2.

二十岁的学生思维是，只要我每天本本分分做好手头的事，我的人生就会变得更好，殊不知，人生有时候想要留在原地，都需要花费很大的力气。

　　古话总在说"知足常乐"，但其实生活很多时候是没有"知足"二字可言的，你的知足并不总能让你维持那个让你感到很知足的生活。
　　成人世界有一个法则，你不自虐，你不去自我更新迭代，就等着被别人虐吧。


反正有一天，我醒来突然很紧迫地感觉到，我的人生好像在走下坡路，无论是从挣钱，还是从长远的发展来说，我现在的每一天都可能是我未来人生中挣钱最多的一天。

在我感觉自己不对劲儿后，做了很多尝试想改变自己，无一例外都失败了，我尝试跟随朋友，去一个新的领域耕种，可是人懒散惯了，习惯付出一点努力却收获很多，根本没办法耐着性子从头再去一点点学习一样东西。

而且更重要的是，在顺风顺水的环境中待惯了，就不敢尝试别的领域，因为害怕失败，每失败一次，我就崩溃一次，自我怀疑一次，久而久之，我也愈加不自信，愈加不堪一击。

我内心有很多想做，也该做的事，但我都不敢去做，我怕被拒绝，怕丢脸，所以很多事都一推再推，推到没办法面对为止。其中有一件事是，我需要开口找一个朋友帮忙，本该半年前就问的，但我怕被朋友拒绝，硬生生拖到现在，后来实在没办法了，我厚着脸皮去给那个朋友发微信，结果他真的拒绝我了。人家很礼貌客气的拒绝，但我就是接受不了，觉得自己好差劲啊。

　　人心是一种很奇怪的存在，越打击越强大，越养尊处优，越
脆弱，一点失败也受不住。

　　加上原本生活也的确遇到一些急需解决的麻烦，所有这一系列
的事情，都堆在我面前，我一边难过地想着为什么以前那么强大的
我，现在变得这么不堪一击，一边怀疑人生，感觉自己真是差劲。

　　反正，在那段时间，我所有的骄傲都碎一地了，我甚至连捡起
的勇气都没了，害怕蹲下捡的时候，发现少了一块再也拼不起来，
自己努力做了却也只得到一个让人打击的结果。

### 3.

　　我是被生活逼得没办法，才去寻求改变的。

　　在我二十三岁生日当天，我受够了这样害怕失败的自己，所以
我给自己送了一份很大的礼物：在我生日当天，我逼着自己去做了
很多我之前不敢去尝试的事。

　　我强迫自己跟害怕被拒绝、一直不敢发消息向人请教的朋友发
了微信；我注册了很多之前答应别人，但因为懒一直没注册的平台；
我试着在别的平台上以一个小白的身份重新开始，一点点打自己的
江山；我像我的朋友那样，开始去学一些别的东西；我试着蹲下去，
从地上一片片寻找自己破碎的骄傲。

　　说实话，过程很痛苦。其中很多事，都是我逼着自己，一边
哭，一边在心里发狠地对自己说"人这辈子总要做些他不愿意做的
事"，咬着牙做下去的。

　　当然，我也收到了很多拒绝，我也接收了很多失败的讯息，我
也很怀念以前舒适的那段日子，但在这期间，我更多的是学会：遇

到困难，不能再平躺，假装睡着，期冀睁眼只是场梦，而是要迎难而上，想办法解决。或许此刻你还没找到更好的解决办法，那就一点点做，积少成多，相信时间，等待质变。

我厚着脸皮向人请教，我放平自己的心态，默默地努力，我以更谦卑更认真的态度对待这一切，庆幸的是，半年后，"我"整个人都变好了。

我不会觉得，我二十三岁的人生在走下坡路，今天可能是人生最巅峰的一天；我不会惧怕被人拒绝，反正我要开口说我想说的，如果被拒绝了，那我就换下一个人再开口，如果没被拒绝我就赚了；我也不怕失败了，总会遇到很多付出努力没有收获的瞬间，当时是很难过，但难过后依旧努力，会发现在生活的下一个关口，你会连带着前面的那份努力，收获更大的奖励。如果人生的失败是为了下一次更大的收获，那么也没必要为这短暂的失败哭鼻子。

更重要的是，我开始能像个学生一样，认真且系统地学习一样东西，虽然会慢一点，但我相信慢慢来，比较快。我开始尝试着去做一些看起来无用，但长远看却很有用的事，我尽量让自己不那么功利，再沉住气一点。

我迎来了一个全新的自己，我也开始明白，**人生并不是一蹴而就的游戏，并不是你一下子到达某个节点，你就永远在这个节点，人生是流动变化的，想要保持以前的优秀，你需要跟以前一样努力，甚至更努力。**

还有，不论你是二十岁、三十岁，还是四十岁，永远不要沉迷于舒适区，不要习惯这种不用怎么努力的舒服感，可能当下很舒服，但我敢保证，任何让你太舒服的东西，都不会是太好的。

也许某一天，你要为你曾经一时的舒服，付出双倍甚至多倍的努力。

## 4.

我曾经也想过，如果当时不贪图那一时的舒服，乘胜追击，保持努力，是不是我的人生就不是这样了。虽然"假如当初我怎样怎样"的这种后悔情绪，我不喜欢，我觉得为已经过去的事情遗憾，是一种很消耗人的事情。

我们不用从现在倒退回过去，去滋生遗憾，我们只用现在去直推以后，此刻的现在，就是未来的过去，现在的我们多努力一点点，未来的我们就会比未来可能会有的样子更好一点。

> 如果现在的我们少偷点懒，主动一点离开舒适区，去做一些让我们不那么舒服，但对我们很有营养的事，我们以后的人生肯定会更好。对任何人来说都是这样的。
>
> 现在都在提倡"要对自己好一点，要让自己活得舒服一点"，这个"舒服"绝不只是精神和身体上的完全舒服，还有一种"不舒服"也很好：克制自己，管理自己，突破自己。

忘了在哪里看到一段话，很喜欢：

"人还是要活得像人，管理情绪，控制食欲，该聪明伶俐就看该看的书，该魅力四射就捯饬捯饬，嘴上说自己累得像狗吃得像猪，也别当真把自己当狗当猪。"

我们都在说，太努力太要强很辛苦，但其实，不要强不努力更辛苦啊。

# 那些不动声色地变好的人，靠的都是你不想坚持的小习惯

## 1.

我有两年活得特别水逆：

每次赶火车，总差那么五分钟，要么在检票关门前最后五分钟赶到，要么就晚了那么五分钟，没赶上车；

那阵子一直在忙着各种考试，而每次总很巧地就是差那么一两分，无缘面试；

甚至有时算好时间下楼买板栗，每次刚走到门口，就看到卖板栗的老板关门了。

我一度觉得自己运气很差，恰好我有个朋友酷爱在微博上转发好运锦鲤，声情并茂地跟我说着，她曾经也是运气很不好，所以她认认真真在微博上转了半年锦鲤，然后转运了。为此，我还特地申请了个微博小号，每天孜孜不倦地在微博上转发好运锦鲤。

可就在转锦鲤这件事上，我也是运气很差，别人半年见效，我半年依旧没点起色。

而且很惨的一点是，你越是觉得你运气不好，你就越会运气不好。**换句正常的话来说就是，负面情绪会形成恶性循环，你越是给自己负面的心理暗示"我什么都做不好，都是运气不好"，你的大脑真的会记住这一点，让负面作用强化，所以你接下来更难有起色，越无起色，越是感慨生活不顺，陷入一个恶循环。**

## 2.

就这样浑噩了很久，某一天，某一场考试我又搞砸了，又是只差两分。很相似的场景。

因为这场考试我真的准备了蛮久，也付出了很多，得知结果的时候很难过，一边为考试成绩难过，一边自怜着"我运气怎么这么背，怎么做什么都不顺，我以后的人生会不会就这么完蛋了"。

我蒙头在家大睡了三天，所有的消息都没看。这三天里，我姐给我发了很多消息，我都没回复，她有点担心我，就给我打电话。

电话我接了。成年人身上很默契的一点是，有时候，你一句不说，我就知道你要问什么。

没等我姐开口，我就很主动地跟我姐解释了我为什么没回消息，顺带表达了我此刻的难过和对生活的一丝埋怨。

我姐是一个很好的听众。当然，成年人口中的"好"并非"甜"或者"舒服"。成年人都知道，甜吃多了不好，容易发胖，这世上很多有用的东西，比如咖啡或减脂餐，虽吃起来是苦的，是无味难受的，但吃进去后是有效的、是健康的。对成年人来说，有营养更重要。

就像我姐，就算看到她亲爱的妹妹正含着泪难过得不行，依旧很残酷地反问了我一句：你有没有反思一下为什么你总是差这么一点？

我：因为我发挥失常了点，运气也有点背。你看就差那么一点，再多做对一个选择题就够了。

她继续说：那不是根本原因。

我：可事实是真的只差一点点啊，一念之间的事。

我姐在电话那端停顿了一会儿，也给足时间让我发泄情绪，过了一会儿，她很认真地跟我说了一段话。她说：问题不在这里，你不能把这一切归结为你运气不好，或者是你发挥失常。打个很简单的比喻，如果你做了90分的准备，就算你发挥失常，题目再难，你也能考80分，最不济70分啊，如果你做了80分的准备，再失常你也能考60分，可如今你比你预期分数还低很多，只能说明还是你自己没准备好。

我姐继续说，你看看你平时坐火车，要么每次很赶地赶上车，要么因为晚了几分钟错过了车，其实也不是你运气不好，做啥啥不行，归根结底就是，你没有准备充分，没有给自己预留出时间应对情况，万一遇到塞车、排队人多，你要怎么办？

我很喜欢跟成熟大姐姐们聊天的一个原因是，她们理性冷静，总能一针见血地帮你找到问题的根源，并且毫不客气地把问题说出来。

就这样，困扰我很久，一度觉得自己因为运势不好，整个人生做什么都不行的"人生疑惑"，被我姐几句话解决了。


## 3.

可能我把这件事在这里说出来，很多人看了会觉得很幼稚，会在内心翻白眼，这是你几岁时遇到的事啊，竟然现在还会有这么低智的疑惑。

不瞒各位说，这是我去年的一段真实经历。

在很多人眼中，我是很聪明的女生，写的文字能让人清醒，经常说一些很治愈的话，而且很坚强很努力，我也一直觉得我是很坚强很努力的女生，即便在最狼狈的时候，也是内心积极美好的。

但是很抱歉，我高估了自己。尽管我在我的读者、我的家人面前，我依旧表现得很坚强很勇敢，但是说实话，在真正面对这一次次失败时，我内心也会退缩，我也会怀疑自己、会崩溃，我也没办法对自己说出一句很经典很有效的励志话，然后快速地爬起来继续乘风破浪，我也需要很久的时间治愈或是被治愈。

"再爬起来，继续往前跑"，这几个字说出来很容易，但当你感觉自己身处下水道时，你很难让自己像什么都没发生过一样地往前跑，甚至在这个时候还很容易迷路。

就像我姐姐说的那番话，其实我们都不陌生，我们就是从小听老师、家长说这些话长大的，他们跟我们讲"你不要害怕一次两次的失败，失败是成功之母"，他们说"天道酬勤"，但离开校园越久，离这些声音越远，见过越多不是"你努力，就能得到"的社会现实，慢慢会遗忘这些很简单也很有效的道理。

我们慢慢变得很容易"不相信"，不相信努力会有收获，不相信在糟糕的时候，努力往前走，总有一天会柳暗花明，不相信"塞翁失马，焉知非福"，不相信"我们没得到我们想要的，是因为我们不够努力"。

**身处绝境的时候，我们很容易忘掉自己的能力。这是人之常情，**

*所以也请接受自己脆弱不那么坚强的一面，也不要过分看轻自己。*

**4.**

我前不久看过的《哈佛幸福公开课》，哈佛教授在讲课之前就说了这么一段话：

"你们不要期待上我这节课能听到很多新颖的观点，我也不期待你们在听完我的课后，能给你一种如醍醐灌顶般的效果，我的这门课只是为了提醒你们，你们曾经知道但是忘记掉的一些东西。快乐这个东西我们并不陌生，我们小时候很开心，也有很多保持幸福的秘诀，只是在长大的过程中被遗忘了，而我就是提醒你们找回那些你们曾很熟悉但现在忘了的东西。"

其实，这也是我冒着被大家翻白眼的风险，也要把这段看起来很傻的经历写下来的原因，我想用这件事来提醒我自己，也提醒看到这篇文章的诸位：

若你此刻遇到很大的绝望，先不要怀疑人生，不要觉得从此自己的人生就搞砸了，用心回想一下读书时代的我们，考了那么多试，难过了那么多次，但关关难过，关关过；仔细想一下遇到新的陌生的知识时，我们也曾焦躁难安觉得完蛋了搞不懂了，但最后沉下心，认真思考，一遍遍错，一遍遍做，最终还是掌握了。可能我们在学校，不是那个考第一名的，但通过我们沉住气的努力，最后的我们也没那么差。

那些人生难关的解决办法，学校早就教给我们了。

遇到难搞不知道怎么面对的人生麻烦，先不要急，将问题简化，就把它当成一道考试题，如果这次考差了，最好的解决办法是什么，抱怨人生怪自己运气不好，还是分析问题寻找原因再努力地克服。

如果焦虑难安，负面情绪爆棚，就想一想高三那年的我们，因为成绩差乱了阵脚，觉得自己高考要完蛋的时候，老师父母最常跟我们说的一句话是"真正能笑到最后的是心态好的那批人"，以及多想想为了调整心态，自己曾在课桌上刻的那些话如"宠辱不惊""非宁静无以致远"。

> 遇到人生不顺的时候，也别急着悲观消极，想想最简单的努力法则，滴水穿石，积少成多，厚积薄发，天道酬勤。也许我们不是被生活宠爱的那一个，但那些看起来笨笨的，用着笨方法，坚持走了很久的人，最终能实现人生逆袭。

## 5.

坦白讲，我不是一个情绪很稳定的人，我敏感易崩溃，偶尔会怀疑人生，但我身上很大的一个优点是，在每一次被生活压趴下后，一屁股坐在地上崩溃大哭，想着人生要完蛋了，但每次哭完，我总能成功地想到一个收买自己继续为生活卖命的办法，可能是"过完这阵我请你出去旅游""解决好这件事我请你吃火锅""你未来的真命天子喜欢能干干脆的女孩"，反正我就是会找一个在别人眼中看起来很狗屁，但对我自己很有用的理由，开导自己，然后爬起来，收拾好自己，重新漂漂亮亮地出现在大家面前，谁也发现不了我的崩溃。

我以前觉得这种开导自己的方法很幼稚，不敢跟大家分享，后来我跟大家讲了我怎么一次次把自己从绝望中拉出来，她们都说"哇，好励志，好清新的方法"。

其实这种开导自己的方法，我们大家都不陌生，就像小时候很多次，因为很小一件事哭了，家长们拿着吃的玩的哄着我们，让我们开开心心的一样。这种"破涕为笑"的工作原理没变，唯一的区别是，以前是别人哄我们，现在是我们要用这样的方法哄自己。

我们曾经的经验和经历，都能成为后面人生绝望时，自我拯救的力量源泉。

所以，不要怕，勇敢地往前走，也别怕搞砸，我们都掌握着自我治愈的办法。

只要是在一直往前跑，你就永远不会输的。

# 你和谁在一起，真的很重要

1.

深夜十二点，我姐把孩子哄睡着，给我拍一张小女孩的照片，后面加句话：我要开始学习啦！不一会她会继续给我发一张书桌照片，书桌上放着一本会计相关的资料书，ipad 里在放老师的讲课视频，旁边还有一杯茶。

一般在写稿子时，我不会看手机，更不会秒回我姐信息，通常都是二十分钟或者半个小时后，我要拿手机查一下东西，才会看到她发的消息，然后我也会把我此刻写稿的电脑桌面拍一张，发给她。

这基本是每个深夜十二点，我和我姐的微信聊天模式。

我很喜欢这种感觉，深夜十二点，在大多数人疲惫入眠的时刻，我还在努力写稿，结果回头发现，原来最好的朋友也是我最亲近的人——我姐，她也没懈怠，也在努力着，这让我很安心，干劲满满，感觉前行之路有个人一直陪我在走。我相信努力的我，也会给我姐这种很安心的感觉。

　　当然，我们这种友好的关系也不仅限于深夜，每天早上我七点起床，我会跟她说我起来了，会给她拍我在平板上看的 TED 的视频。偶尔一两次赖床了，会看到我姐先发给我的微信，她的早餐，看到桌子上一家子吃的热气腾腾的燕麦粥、馒头、鸡蛋，本来还想继续睡一觉的我，都不好意思再睡了，在心里鼓励着自己"大好的时光可不能浪费，要好好生活"，然后立马爬起来。

　　这样的时刻不在少数。每次我想偷懒，看到我姐发来的她学习的照片，会满血复活觉得自己不能被落下；每次看完我姐一家健康营养的一日三餐，我那想放飞自我吃油炸食品的念头，立马隐退；还有，偶尔疲惫懈怠，觉得生活好无聊的时候，看到姐姐拍的纯真小侄女的日常，都会自我反思："哇，小孩子这么好奇地看待世界，就算看池塘里的小鱼都能很认真，说着要永葆好奇心的你，怎么能这么丧"，而后提醒自己要满怀热情地对待生活。

　　**跟热情满满的人相处久了，你也会被带成一个很热爱生活的人。**

## 2.

　　当然，在这本书里，我写的关于我姐的另一篇文章里很详细地提到过，我跟我姐是这两年才"正式认识"的。在和我姐成为好朋友前，我并不是这么热气腾腾的一个人。

　　我之前有一个关系很好的男闺蜜，他人很好、很细心，对我也很好，我们也很聊得来，是无话不讲的朋友。但他身上有股很浓的阴郁风。

　　起初我们一起相处的时候，我感觉到了他身上的这种阴郁风，会感觉到他很喜欢抱怨，总是把"早知道我当初就去做什么什么"这种浓浓的遗憾感挂在嘴边，但当时年龄小，总觉得朋友嘛聊得来玩儿得到一块就行，管那么多干吗？而且我还很自信地觉得，他喜欢抱怨生活也没关系啊，我不被他影响就行了。

　　*但我们总喜欢高估自己，低估环境对人塑造的一视同仁性，总觉得环境影响人，是对那些意志力薄弱的人而言，不是我们，我们自己是最特别最坚定最不易被影响的。*

　　刚相处那段时间，我们在一起玩挺好的，他偶尔抱怨生活抱怨工作，我会耐心地开导他，他偶尔跟我讲的"谁谁谁成功，是因为有个有钱老公"，我是不认可的，毕竟他跟我说的那个谁谁谁我认识，人家的确很努力。我大多数时候，能正确地辨别出他说的哪种观点不那么好。

　　后来，有段时间，我的生活工作都遇到了瓶颈，我有点沮丧，不知道怎么继续往上走，觉得很难。正当我焦虑的时候，他来安慰我，继续他的那套道理，安慰着我不要难过，不要总去跟别人比，然后他跟我说了他的理论：

　　"你永远不要去跟别人比，你真不知道那些能爬上去的人的背后是怎么样的，说不定人家有个有钱的爹，有个有钱的男朋友，或者就是运气好，碰到了个愿意帮他一把的贵人，这是比不了的。"

　　坦白说，当你心情不好，觉得人生难，有个人跟你说这样的话，把你羡慕的那些人，以最大的恶意揣摩一遍，忽视别人的努力，把别人的成功都归结为命比较好，以此来鼓励你，你不是差劲，只是运气不太好。且不谈这个理论扭曲不扭曲，光谈效果，挺受用的。

后来，我们熟悉了，他越来越强烈地把这种"人品论"挂在嘴边，他很强烈地把别人的成功归结为家里比较有钱，把我们的失意归结为运气不好。我那段时间的确比较不顺，听了几次他说的，最后也常常觉得他说的还是有一定道理的，我现在无法发展得更好主要还是时运各方面没别人好，加上是平常人家的子女，就只能这样。

我当时还不觉得自己这种想法的恐怖，只是在接下来的很长一段时间，我持续不顺遂，一件事一件事地搞砸，每搞砸一件事，我还怨气很重地怪运气不好，然后继续搞砸，继续怨气重，继续搞砸。整整一年多，我就没顺利做成过一件事。

而且更关键的是，我以前是一个很乐观的人，我会觉得这件事我没做好，肯定是我没准备好，那我努努力，下件事就能做好。但现在在这一连串的失败中，我开始很悲观地觉得，完了，我被厄运缠身，我这辈子肯定就要这么不顺遂下去，一事无成。

我把一切的不顺遂归结为，我运气不好，却从不去想主观原因。

### 3.

后来过了很久，有一次我跟我姐聊天，我很难过地跟她讲了这些想法，我说："我最近什么都做不好，我朋友说别人能做成功，都是有背景的，像我们这种没运气，又没多大背景的人，很难走下去。我该怎么办？"

听完我的话，我姐说的第一句就是：是哪个朋友跟你传递这种观念的，这种朋友能离多远，你就给我离多远，他是完全侵蚀你思想，误导你人生来的吧。

接着，她跟我讲了很多。她说，她有个同事考中级会计师，考了三年没考上，但人家没放弃，依旧是白天上班，晚上回家学习，结果第四年考上了。人生的影响因素确实很多，但只要你再努力一点，多花点时间，花点心思，一次不行，那就两次三次四次。

她说：你不能总去错误归因，我失败是因为我背景不够硬，而不去思考真正的问题出在哪里，是认知出了问题，觉得努力没用，还是努力不够，还是不够专注。没有真正不能成功的人，只有不肯努力的人。

后来，我慢慢跟那个朋友联系少了，没绝交，但也很少说话。

我试着很认真地分析了这两年的问题，以及造成问题的原因，最后得出的结论是：我的确浮躁了点，心态不好，努力也不够，总抱着侥幸心理，想着反正我做了也改变不了什么，干脆就不去做了。说到底就是懒，精神懒，行动懒。

我努力丢掉这些不利于自我提升的坏习惯，遇到问题不再归因于我运气不好，更不会悲观地觉得我这辈子就这样了。我开始脚踏实地地努力，做好手头的每一件事，认认真真准备每一件要做的事，我的工作生活都有了很大的起色，之前一直做不好的事，也有了一个很好的结果。一年多的阴霾慢慢淡去了。

这件事已经过了很久，我也终于开始相信，如果你想继续提高自己，千万不能和一个满身负能量的人相处太久，最可怕的不是他跟你说的那些抱怨的话，而是听久了，你自己也会慢慢怀疑努力的意义。

这个例子放在这里，可能有人会觉得我太偏激了，你这是自己心态不正，还怪别人影响你心态。我想杠一句：就是因为自己心态有时不那么稳定，所以才更要跟积极正面的人相处，才可稳定心态，更好地工作生活。

就像武侠小说里的很多练武之人，他们本是可以成为一名侠客的，只是在某个时间节点，或因为人生失意，或因为遇到重大挫折，听了一句错误的误导，走上了魔道。

> 永远不要低估一个人的力量。有时一个人的一句话，能拉你走出泥淖，有时一个人的一句话，能拉着你往下沉。

和谁在一起，真的很重要。

## 4.

像我现在身边，都是很积极努力的人。

我之前有段时间，考试搞砸了，又很犹豫要不要继续考下去，怕自己是真的没这方面的天赋，就算再试了，依旧不行。我闺蜜感觉到我这种顾虑后，就跟我讲了她朋友的故事，怕好强的我发现她看穿我的顾虑，会觉得很受挫，她还用一种很随意的语气，好像突然想起那个朋友了，就随便聊一下她的故事。

闺蜜说：我有个考上武大研究生的朋友，人家真是个狠人，考研半年就像在世界消失了一样，每天就是早上五点半起来，然后自习室—食堂—自习室，晚上十点半再回宿舍，她们专业课300分，她考了280分，后来分享经验，她说她没什么秘诀，就是把那八本很厚的书全都背熟了理解了。

虽然闺蜜一句直接安慰我的话都没说，但她润物细无声地告诉我，努力很重要，只要你真正准备好了，就不要怕结果不好。

还有，我另外一个朋友，在这本书的另一篇文章里也提到过他，有段时间我很丧，常常觉得自己这个行业在走下坡路，甚至很悲观地觉得，今天的我是人生中最厉害的自己了，接下来我会慢慢被时代淘汰。

他很严肃也很认真地跟我说，你这样想不对。他是一个理科男，所以跟我举了他们领域的一些伟人，很多人一直努力，在 40 岁，乃至 50 岁，又取得了一个很大的成就。他甚至很学术地跟我讨论着马克思主义的辩证哲学观点：人生不是倒 U 形，到达一个你觉得不错的顶点，你就只能不可逆地下滑，而是一个螺旋，这中间有上升，有下降，但只有你在不断努力，总趋势都是前进上升的。

还有一个朋友，他现在已经很厉害了，但依旧坚持每天早上六点起床，不管每天多少事，从不给自己找借口，每天坚持写文章、健身、看书、学习新技能，保持着很自律的生活状态。

每次看到他们很努力地在生活在奋斗，我就会觉得要再努力一点，要追上他们的步伐，要跟他们一样积极向上。

和谁在一起，的确很重要。

跟优秀的人在一起，你不会因为自己加了个班，就自怜，觉得自己很惨，生活不容易；你也不会因为自己努力一点点，就沾沾自喜，感觉自己付出了很多；更不会遇到一点困难，就觉得自己不行，故步自封，觉得自己没办法过上想要的人生。

那些努力生活的人，会让你看到，比你优秀的人，比你更努力，认真努力是人生的常态，不是什么值得骄傲的事，更不是你自怜的理由。他们会用行动、用他们人生里的每一点变化，让你相信努力的力量，只要你肯付出，你肯努力，你的生活会越来越好的。

最重要的一点是，他们不仅自己努力，还会感染你，激励你，带着你一起努力。

所以，如果你真的想要遇到更好的自己，还是要多和积极努力热爱生活的人做朋友。

当然还有一点也很重要，要想与优秀的人为伍，首先，你也要努力成为一个积极正向热爱生活的人。

# 你四平八稳地走，永远走不到星辰大海

### 1.

前两天，我买了套房，交完房款，我的银行卡只剩下 1538 块钱。银行卡被掏空的感觉，就像你打开文档，好不容易写了几万字，结果忘了保存，一个按钮按下去，一个字都没剩下，再次回到起点，你得一个字一个字地重新敲下来，又要开始过一段很辛苦的日子了。

身边很多人不能理解，你一个女孩子为什么对买房这件事这么偏执，你为什么要把自己活得这么辛苦，买房这种事不应该是你未来另一半该考虑的吗？

其实，这种话听多了，也难免会跟别人一起心疼自己，尤其是在日子很难过的时候，有时候也会很委屈地想着，为什么我不能像那些女孩一样活得轻松一点，每天下完班回到家，刷刷抖音，逛逛淘宝，随便刷一下剧，或者打个游戏，开心放松一下。甚至会自怜地想着，为什么我要每天活得这么辛苦，就算忙完工作也没休息的时间，我的所有娱乐活动就是看书写稿学习，就算有时去看个电视剧看个电影，还是抱着找素材的心态去的。

　　有时候我也会觉得很累，我也想做个普通姑娘，每天满足自己的生活，因为今天在群里抢到了一个十块钱的红包，可以买杯奶茶就高兴很久。

　　我也尝试着去做一个普通的女孩，但努力了很久，到最后还是发现，我真的做不来。


## 2.

　　曾经有段时间，我很焦虑，工作不顺，生活也不太顺，搞什么砸什么，而且我的心理负担很重，我怕让父母失望，怕让身边的人看笑话，怕他们发现我不行，更怕让自己失望。压力最大的时候，我每天晚上睡觉前都需要喝点酒。在酒精的麻痹下，我的神经才能稍微放松一点，能完整地一口气吸到底部，再呼出来，找到一个喘息的理由，心情才能稍微轻松些。

　　在那段最难的时候，我感觉自己很差劲，好像做什么都不行，心态也不好，运气也很差劲，甚至在最悲观的时候，我还觉得我这辈子完蛋了，人生一片黑暗，看不到任何光明。

　　就在这个时候，我有个朋友说她在考家乡的一个教师编制，她跟我说了很多回到小城生活的好处，轻松，没有压力，离家近，当时我觉得世界一片漆黑，只要有个舒服的地方肯收了我，让我少点烦恼，我一定去。所以，我动摇了，让她帮我报了名。

　　经历了严格的笔试、面试后，淘汰了一批人，在走完烦琐的政审、体检、公示，我和她都留下来了。只是在最后一关签合同的时候，她签了，我没签。

　　为着"要不要签合同，进体制，一辈子留在小城"这件事，我跟我家里人吵了很久，我爸从最初的劝导我说"在家上班，一个月挣两三千块钱，压力小点，人活得开心点挺好的"，到最后威胁我"多少人想要这个机会都没有，你考上了再放弃，你以后后悔，人生过得不好，不要怪我"。

我也曾想过，要不就这样吧，谈不上舒服，但也算安逸吧，为什么一定要去外面那么辛苦，既然能留下来，那就留下来吧。

但每次在我想到"留下来"时，脑海中总会浮现一幅画面，我爸妈一辈子留在小城，花了大半辈子心血把我培养长大，送我去读书。然后我再回来，再随便找个人结婚，再在这里待一辈子，再节衣缩食去养一个孩子，等孩子长大了，他要去大城市奋斗，想留在大城市，一辈子待在小城的我，就又会像我的父母没办法帮助现在的我一样，我的孩子也会陷入现在的我同样的困境，他也依旧很难在大城市扎下根，就算他很努力很努力了。

我不想子子孙孙一辈子都这样，我更不想自己一辈子就待在这里，过上一眼就望到头的生活。

　　我没办法接受在自己最年轻的时候，我赚不了多少钱，还要安慰自己说这样的简单生活挺好的。我想去看更大的世界，哪怕这个代价是，你会很辛苦很辛苦。

## 3.

我拒绝了这样的人生模式。

去交"自愿放弃书"的时候，我心里也很难过，毕竟谁不想安安稳稳地过一辈子，谁不想过着离家近、少点奋斗、少点烦恼的生活。亲手放弃摆在眼前的那个可以给我一辈子安稳的机会，按下手印的那刻，我内心也是十分不舍的，我脑海中也短暂地闪过那零点一秒的念头："要不，我就在这里老老实实待一辈子算了，反正我爸妈也希望我这么做"，但最后我还是决定走，就算明知出门，前方等着我的是一条很困难很凶险的路。

我爸说，你的心太大了。野心太大的女孩，是要吃苦的。

我说，我没得选，如果我选择了安稳，我一辈子就这样能看到头，如果我再去闯一番，我再努力一点，说不定我的人生就不一样了。

**四平八稳地走，真的走不到我的星辰大海。**

我爸犹豫了会儿，想说点什么，但是又没说。我知道他想说的话：如果你闯了，依旧没结果呢？

这个答案我不是没想过，但人生很多时候，不是知道结果我们才去做这件事的。就拿高考的学生来说，考试结果没出来前，没人能确定自己的前途在哪里，可没有家长问他们的孩子"如果你努力了，仍旧没考上心仪的大学怎么办"，因为这个世界的游戏规则很公平，就算你努力了，没考上你想考的大学，但你的努力也不会白费，你努力多学的几个知识点，能帮你多考几分，让你去一个比原来再好一点的大学。这就是努力的意义。

努力不一定会百分之百成功，但只要你脚踏实地努力了，你一定能比原来的你进步一点。

决定放弃后，我跟当初那个约我一起考试的朋友，联系也少了，期间她找了我几回，问了些我的状态，但我每次都很简单地回复她。到最后，基本不联系了。

　　我相信人对人的影响，所以我坚信，对于一个要走远路的人，我更需要的是一个跟我目标一致，能跟我互相鼓励，陪我走很远一程的同行者。

　　也是这时我才发现，我不仅做不了普通女孩，我连普通女孩的友谊都不配拥有。


### 4.

　　我朋友说，我一直在选择那条最难的路走。

　　无论是当时，面对所有的反对，坚持要写作，就算没人支持，自己一个人偷着也要写，还是现在，所有人都很不理解，为什么我要放弃好好的体制内的工作机会，就算跟我爸冷战一场，差点断绝关系，我也要走。我永远在走那条看起来很不安分、很凶险、很刺激，也很难的路。

　　我说，大概是因为我想要的东西，只在那条最难的路上。

　　就像，若当初我没有不顾所有人的反对，坚持写作，可能就没有现在的我，我写不出这么多的文字，我出不了书，我也肯定没现在挣得多。更说不定我刚大学毕业就失业，或者现在每个月挣的工资都不够花，更别说存钱了。

　　但，其中的每一点进步，我的确付出了很多努力。

　　比如，在别人下班回到家，洗完澡可以躺着刷抖音玩游戏，我要继续写稿子，很多时候是凌晨三点睡，早上七点多再起来上班；别人放松的时候是真的在放松，我就算在玩，脑子里还会想着找点什么素材写文章，大脑一刻没停止过寻找素材；以及，被误解是写作者的宿命，因为网友跟我文章里的一些观点不一样，他们来骂我，最初我还经常被骂哭。

其中的心酸很多，但如果你问我后悔吗。我的回答是，我不后悔。

人生越往后走，我越相信，生活的能量也是守恒的，你想要一般的人生，就付出一般的努力，你想要更好一点的生活，就要付出更多的努力。

就像买房，是很辛苦，买完房要节衣缩食一段时间，未来的压力也很大，但如果你一直不走这一步，你永远不想承担压力，你也就永远不会有靠你自己努力买下的房子。

至于女孩为什么要那么辛苦，那是因为我相信，**人生有些苦是你该吃的，就算你年轻的时候逃过了，总有一天你还是要还回来的。有些迷茫，你此刻不经历，十年后，你还是会再遇到，你躲不掉的。你四平八稳地走，真的走不到星辰大海。**

以前，我羡慕那些长得好看的女孩，现在我只羡慕那些扛得住压力、有眼光的女孩。

她们不惧怕压力，也不害怕生活的不确定性，她们敢于拥抱这种不确定性，和它一起成长，即便她们知道做某件事会很辛苦，做某个选择会很难，但只要这件事能帮她们到达想要的远方，她们就会去做，且要做成。

我钦佩每一个经过生活的挤压，扛住压力，最后挺过来，反倒越活越美的姑娘。她们让我相信，远方的生活是挺难的，但只要你能挺过去，你吃得住生活的苦，你会发现，远方的风景更漂亮。

因为，有些生活，有些眼界，有些美好，真的只有远方能给你。

# 我们都有逢糟糕化美好的能力

**1.**

虽然大家都说 2020 年很难，但 2020 年是我人生真正意义上丰收的一年。我考上心仪学校的研究生，我钦佩的老师成了我的导师，我考到了驾照，我交了一本书稿，与此同时也签了另一本书稿，我开始了研究生生活，还竞选上了班长。

以上有些事，看起来很容易做成，还有些事，看起来很难完成。比如，对拿到驾照的人来说，考驾照不是一件很简单的事吗，何须单拿出来说，再比如，对那些没考过研究生、没写过书的人来说，考研和写作看起来很难。

但故事的 B 面是，难和容易是相对的，在有些人眼中，一些事做起来很难，但在另一些已经做成这些事的人眼中，一些事做起来很简单。难和容易本是很主观的感受，无法比较，也无须比较。

唯一很确定的是，对于第一次做以上大部分事的我来说，这些事做起来都挺难的。很多时刻我都没跟别人讲过，但以上每一件做成的事背后，我都经历过很多次的差一点就不能做成的坎坷时刻。

　　不同的是，我以前总爱把这种"差一点没办法做成，但好在最后还是做成"的时刻归结为运气好，只是今年学会慢慢看到自己的力量。慢慢相信，逢糟糕化美好的能力，是我们自己给的。


## 2.

　　"我考上研究生了"这七个字听起来很美好很勇敢，但这份勇敢背后，是差不多同等量的害怕，只是在勇敢和害怕的最后一场博弈中，勇敢恰巧赢了胆怯。

　　2019年下半年，准备考研的那段日子，真的是我人生里的至暗时刻。我原本考上家乡的事业单位，却在选岗时，别人签下确认岗位的合同，我在岗位放弃书上签下了自己的名字。

　　那年我二十五岁，二十五岁的我觉得自己还年轻，还有很多可能性和机会，我不甘把自己的人生留在家乡这座小城，我还想去外面看看，还想再为自己的人生挣得某种可能性。只是当时我的家人都不太能理解我，他们都觉得我选错了，他们都说你以后肯定会后悔的，他们还说"多少人想考上都考不上的岗位，你想扔就扔，真的是不懂得珍惜"。

　　虽然我一直在说，哪怕所有人都不支持我，我也不介意，反正我足够勇敢足够坚定，我也一定会做成自己想做的事。但是，在那些时刻，我也是真的害怕。我怕自己真的选错，我怕自己搞砸自己的人生，我怕这次自己不珍惜人生给的机会，下次再也不会得到生活的偏爱，我怕我的生活不会再变好了。

　　在准备考研的那段日子，我每天都在自我怀疑中度过，每天晚上都会趴桌上哭一场，因为是自己孤注一掷选择的路，也没办法跟任何人讲这种难过与压力，全得靠自己一人化解。一次次崩溃，一次次再从崩溃中将自己拉扯出来，逼着自己再投入再认真一点学习。

其实，那些时刻我也是很委屈的。拒绝掉事业单位的编制工作后，我爸爸跟我冷战了两个月，甚至直到研究生考试前，我爸都没跟我说过一句"加油"。研究生考试那几天，很多家长会陪自己的孩子来考试，甚至包括我学长也说，在他研究生考试那几天，他妈妈特地请假来陪他考试，给他买饭，让他考完就能吃饭，会喊他起床，让他安心在酒店睡午觉。一个男生都是如此，但那两天考试，我只是一个人。

早上六点钟醒了，背着大大的书包，去吃早餐，再走好远的路去考场，考前也紧张也害怕，但只能把《victory》那首歌一遍遍听，听到不怕为止。结束完上午的考试，很多家长会在门口等自己的孩子考完，我默默走出考场，拿着手机导航走进不熟悉的校园的拥挤食堂，排着队买饭吃。但那几天又没胃口，怕吃多了肚子不舒服，又不敢一点也不吃，每顿饭都硬生生鼓励自己一定要再多吃几口，吃饱了才有力气好好考试。中午时间赶，来不及赶回酒店午睡，又怕自己趴着睡忘了，只能硬逼着自己喝下两小罐不兑水的纯浓缩咖啡。晚上考完试，又背着大大的书包，走回酒店，在路边小吃街随手买点想吃的，回到酒店继续复习。

我们总爱说，好好吃饭，才能好好考试。但研究生考试那几天，我没来得及好好吃饭，我吃进去的能量完全没法支撑我在高度紧张状态下的考试，我是完全靠着毅力支撑自己好好地做完一张一张卷子。

## 3.

包括后面的复试也是经历了一段压力很大很紧张的日子，原本二月十号出初试成绩，却因为现实情况出成绩的日子被推迟，我又很看重这次考试结果，所以整个二月，我基本上每天都焦虑到失眠。每天凌晨在微博上搜索着"考研"相关字眼儿，一遍遍刷着最新帖子。

我害怕自己搞砸，又害怕在成绩出来之前，自己心态首先就崩了。那段日子，我在微博上发了一句话"花点不开了，花继续开"，也只是为了勉励自己。

后来好不容易出成绩了，得知要线上面试，好不容易准备好了复试设备，也跟学院老师对好了机位，却在复试前一天晚上被告知，我家那片第二天要停电维修一天。晚上又匆忙联系好亲戚家，第二天一大早去亲戚家对机位准备复试。

在那个被告知会停电的晚上，我难过了好久，也曾沮丧地想过"是不是生活就是不想我做成这件事，为什么我真心想做点事，会碰到这么多麻烦"。难过归难过，难过完，心里更多的想法是如果这是生活给我安排的挑战，那我应战，如果这是生活给我的阻拦，那我跨栏而过，如果生活就是不想让我做成这件事，那我偏要勉强做成。

前不久出来了网易云年度歌单，我发现在考研复试前一晚，我把《追梦赤子心》那首歌听了四十五遍，直到凌晨两点才睡。边听歌，边顺便把整理好的复试资料全都再复习了一遍。

收到录取通知书的那刻，我被大家夸着聪明和厉害，但没人知道那段岁月我是怎么度过的。当然，说这些也不是为了卖惨，也没有什么好卖惨的，想要的都得到了，也不需再卖惨。这场复试是在五月正式结束的，也是我在 2020 年做成的第一件事。

但 2020 年的磨难，并未随着这件事的结束而结束。后面的人生里，无论是选择导师，被经历层层初试复试的筛选，还是考驾照时，被科目三的教练骂到每天都自闭，抑或是开学前不久，跟班上一个特别漂亮、在开学典礼上代替新生发言的那个女生竞选班干部，后面的每一步都走得很不容易。

但好在，最终还是进了想要的老师的师门，被教练嫌弃到不行的我，科目三也是一次一百分地通过，那场没什么胜算，甚至在开始前两个小时，室友还在安慰我"重在参与"的班干部竞选，我还是票多的一方。

每一步都走得很难，每个关键节点都会有那么几件糟糕的事等着我。生活从不肯让我轻松做成某一件事，每次不让我流几滴眼泪，不让我焦虑几次，不让我紧张几次，甚至在没看到我百分之百不添水的诚意和实实在在的我真的想做成这件事之前，它都不会成全我。

## 4.

我以前是一个很容易焦虑的人，或者说，我是一个心态极差的人。

做任何事，只要稍微让我感觉到麻烦，我内心的第一想法都是退缩，我不喜欢糟糕的瞬间，不喜欢做没有百分之百把握的事，我也不喜欢被生活为难的时刻。那时，我最爱说的话就是"那老娘还不奉陪了呢"，我最爱做的事是，若一件事让我不爽，我真的能甩手就离开。当时还年轻，总以为这样才叫作酷，才叫作干脆。

前些年生活的确偏爱我，虽然我活得极其任性，但仗着老天赏饭吃，该得的好处没少得，该挣的也没少挣。

但一个方法再有效，也不可长期使用。就像那个叫着"狼来了"的小孩，一次两次奏效，但若是次次如此，方法变成习惯，习惯可没那么容易灵验，好的习惯得在时间的力量下坚持才可灵验，坏的习惯本来就是定时炸弹。

总之一句话，后来的人生也没那么顺畅了。

站到过最接近顶峰的位置，也真切地摔过几个大跤，在迷雾中走了好久，好久。迷过路，也崩溃大哭过，也曾绝望过，但后来终于悟到自己人生的意义，才慢慢拨开迷雾，找到一条走出来的路，再次上路往前走。

悟到的人生的意义是什么？

人生本是一条浮沉之旅，有些时刻精彩，有些时刻平淡，有些时刻辉煌，有些时刻灰头土脸，有些时刻开心多些，有些时刻眼泪多些，这都是正常的。这都是人生。

> 没有人能一直处于高光时刻，也没人会一直在谷底，只要你足够耐心、足够勇敢、足够坚强，只要你是真的想走出这片迷雾，你总会有办法走出这片迷雾的。

没有人会一直快乐，但也没人会一直难过。

快乐和难过都是流动的，糟糕和美好也是流动的。

更重要的是，我们本身都有逢糟糕化美好的能力。

只要你相信，你就可以。

# 这世上并没有最好的人生

## 1.

2019 年 7 月 23 日，思考再三后，我向上级领导递交亲笔写好的"自愿放弃岗位书"，我从没想到，有一天我也会亲手放弃很多人羡慕已久的体制内的工作机会。

回家的路上，我用着戏谑的语气跟大学室友说："哈哈，我今天交了自愿放弃岗位书，我最终还是放弃了。"室友严肃地说，那是很多人想要的工作机会，你也花了那么大的力气才拿到，如今怎么说不要就不要，你真是活得太任性了。

我的父母，虽然嘴上一直在说尊重我的决定，只要我开心就好，在我坚定地说出我想要放弃那份工作时，他们也下了很大的决心，义无反顾地去支持我。但我心里很清楚，我爸妈很难过，他们真的很舍不得我丢掉这么好的机会，他们希望我早点安稳下来，好好地过日子，就像他们口中常说起的很多年轻人一样。

甚至，在我办完最后的交接手续，有很长的一段时间，我爸爸脸上的笑容都没了，样子像一个被霜打的茄子，还是个老茄子，蔫了吧唧的。

至于我自己，其实内心也是难过的，虽然我在外面一直跟人说"我没花多大的精力准备这个考试"，但我自己很清楚，备考那段时间，我每天睡都不敢睡安稳，每天忙完工作，就看书刷题，稍微瞥了眼综艺，都有罪恶感，觉得自己浪费了时间，不该。

经过极其严苛的笔试面试，最后收到好结果的那一刻，我也很开心，也短暂轻松了片刻，松了口气。

我也曾想过，今后就这么老老实实地过着日子，做着别人眼中的体面工作，收敛起自己心中的那么多"不愿意"，活成大人的模样，遇到合适的对象，眼睛一闭，对自己再狠心点，结个婚也未尝不可。

但在最后确认是否接受这种生活模式时，我看着那行字"在本单位服务最低三年，在这期间不得以各种原因辞职，不得××××，否则后果×××"，我动摇了。

我试图说服自己，"反正三年吧，就算不做这个工作，做那个工作，你也会老去的"，但灵魂深处的另一个我，一直在不愿意妥协地说着"不"，她一句句在呐喊着，"看似只是人生中普通的三年，但却是你剩下人生中最年轻的三年，三年后，你就老了，现在很多你想做但被搁置的事，到时候你更没勇气去做，很多人就是这样一辈子被耽搁的，到最后，年龄越来越大，顾虑越来越多，越没勇气去尝试"。

最后，我还是点了放弃按钮。与其说我放弃的只是一份工作，倒不如说，我放弃了另一种完全不一样的人生轨迹。

我清楚地知道，我的人生会因为这个看起来好像没多大的选择，变得完全不同。

## 2.

很长一段时间，我一直以为，放弃自己不那么喜欢的东西，是一件很容易的事，反正那样东西你本来就没多喜欢，对你接下来的人生也没什么影响。

　　*直到今天，我才发现，就算是放弃自己不那么喜欢的东西，也是一件极其耗情绪的事，难过、不舍、怀疑自己会不会后悔、纠结，你一样逃不了。*

我也难过，一想到自己曾经为它做过的努力，那些起早贪黑的日子，那些紧张时刻，以及得知结果后的开心，那些经历，始终是没法忽略的，它们好像一遍遍地提醒着我，你很辛苦才走到这一步，怎么舍得把一切归零。

我也纠结过，在最后递交手续的时候，领导问我"你想清楚了吗"，我鼻子一酸，眼泪差点当场掉下来。

在最后一刻签字时，我跑到楼梯间跟一个我很信任的朋友打电话，一遍遍问他"我该怎么选，我要回头后悔吗""我的选择错了吗""你会支持我的选择吗"，我也真的好怕，自己做了错误的选择，搞砸了自己的人生，我也怕有一天过得灰头土脸，大家一起指责我说"早跟你说当初不要那么任性，安安稳稳不好吗？"

办完所有手续，走在大街上，我感觉自己稍微松了一口气，终于可以继续做自己想做的事，继续追求自己想要的人生；但与此同时，内心更紧张了，在失去那张可以给我安全的网后，感觉重新回到人潮拥挤的街道，未来会发生什么样的变化，我不知道，我只能一遍遍地跟自己说：

"接下来，要更努力挣钱，要更争气，没必要留太多难过情绪在这种失去里，如果半年后、一年后，能挣回一个更大的机会，那么丢掉这个机会，就一点也不可惜。"

虽然一直在说太过安稳不好，但其实在重新回到这种紧张环境，工作之余，想身心愉悦地追个剧偷个懒，便会有很多愧疚感涌上心头，鞭策自己继续回去努力，我还是有点羡慕安稳背后的那份舒适，每天做完手头的事，便能随心所欲地玩游戏刷网页。

我怕自己会在后悔这种情绪中浪费太多精力，一直安慰自己，没关系的，你只是选择了一条更辛苦一点的路，吃点苦没什么的，我能吃苦，二十几岁的年纪，不需要那么精致的生活，不需要那么多惬意的时光，你只需要一直往前跑就是了。

时至今日，我才明白，果敢、干脆，这些品质是多么值得让人钦佩。

虽然，也有朋友在得知我这个决定后跟我说，我很佩服你。但只有我自己知道，这份看起来风轻云淡、毫不在意的背后，有着怎样的波涛汹涌。

> 这世上没有容易的选择一说，但凡跟人生的选择沾上边，都是纠结、矛盾、难割难舍的。这是事实，也是人性。

**3.**

一边是没那么喜欢，但也没那么讨厌，安稳到一眼能看到头的人生，一边是充满未知的新鲜感，也充满张牙舞爪野兽的世界，只能二选一，怎么选？哪种人生会更好？

我不知道。

我也不确定我的选择就一定是最好的，但我就是如下安慰自己的：

这世上有那么多不肯认命的人。我认识的一个阿姨，本是家乡医院的一把手，但为了去更好的城市，每天白天上班，晚上回家照顾好孩子，继续学习，连考博士三年，考到了医学界权威的导师门下，最后留在了一线城市，如今房子都买几套了。

那么多很优秀的人，放弃国内熟悉的环境，跑到首先胃都习惯不了的国家深造学习，忍受着不熟悉，忍受着压力。

那个想一个人买房的女孩，说了就做，立下 flag，认真工作，努力挣钱，每天六点起来挤地铁，一周出差一次，忍受着工作生活以及身边人眼光的压力，是很苦，但四年后，她也的确攒够了首付，买了属于自己的房子。

　　我不知道什么样的人生最好，但我知道，如果你有想做的事，有还不愿意放弃的人生，那就一定要去做、去争取。

　　人生有时候，不舍，不争取，不得，想要新的风景，就要抛弃一部分的稳定。

就算选择的那条路走起来崎岖了些，艰难了些，就算在别的女生都靠看电视剧刷网页打发下午时光时，你还得一遍遍忍受高强度的生活，不敢停下，一直吸收，一直学习，一直保持进步。但那是你心之所向的地方，再远，再难，你也一定要努力朝它靠近。

可能一路上会吃点苦，但你是一个舍得让自己吃苦的女孩，你从来不畏惧麻烦，你相信，当下的苦，在未来就是甜，你不怕辛苦。

就算一路会有很多的不确定性，但你天生就不是一个有安全感的女孩，嘴上嚷嚷再多遍好累，但到如今也依旧没办法完全做到敢吃敢睡敢荒废，你停不下来，只敢大步大步朝前走，跑着，赶着，你始终相信，这个世界上只有自己最可靠。

你是一个太聪明的女孩，聪明到你清楚地知道，这个社会本多变，靠任何人任何东西都不如靠自己踏实，为了爱情，为了所谓的让别人放心，为了任何东西丢掉自己的野心和梦想，都不值得，你不愿意。

你是一个要走远路的女孩，走远路的人，不该畏惧路途艰险，就像爬山的人，上坡路的时候，走得很辛苦，但到达山顶，看来时路时，越是崎岖，越是蜿蜒，越是险峻，越有成就感。想要大的快乐，就要付出大的代价。

我爸爸曾劝我说，每个人都是有理想的，但理想跟现实是有差距的啊。

我不知该如何反驳他这句话，在我没把现阶段的梦想实现，能够让他们信服的时候，我也没太多力气想去跟他辩解这件事，即使辩解也挺无意义的。

但我清楚地知道，我现在正走着的写作之路，就是说明努力和坚持是有用的最好的证据。在人没有走通这条路时，他们都觉得所谓梦想就是做梦时能想想的东西，但我靠着一己之力最后还是走过来了。

过程是很艰辛，但我相信，人要想过得好一点，必须付出点代价。

这世上并没有最好的人生，但我敢肯定，一直努力生活的你，日子肯定不会差到哪里去。

人生那么长，也必须做点真正值得做的事情。